다 쓴 글도 다시 보자

다 쓴 글도 다시 보자

© 박재역, 2021

1판 1쇄 인쇄__2021년 06월 10일
1판 1쇄 발행__2021년 06월 20일

지은이__박재역
펴낸이__홍정표
펴낸곳__글로벌콘텐츠
　　　　등록__제25100-2008-000024호

공급처__(주)글로벌콘텐츠출판그룹
　　　　대표_홍정표 이사_김미미 편집_하선연 권군오 최한나 홍명지 기획·마케팅_홍혜진 이종훈
　　　　주소__서울특별시 강동구 풍성로 87-6, 201호
　　　　전화__02) 488-3280 팩스__02) 488-3281
　　　　홈페이지__http://www.gcbook.co.kr
　　　　이메일__edit@gcbook.co.kr

값 20,000원
ISBN 979-11-5852-328-2 03700

다 쓴 글도 다시 보자

박재역 지음

환상의 섬 누벨칼레도니

곳	적	고	의		신	비	를		간	직	한		섬		일	데	뺑	팽		역
뉴	칼	레	도	니	아	누	벨	칼	레	도	니		여	행	길	에	서		빼	놓
수		없	는		섬	이	다	.		일	데	팽	뺑	은		프	랑	스	어	로
나	무	섬	'	인	데	이	란		뜻	인	데		원	주	민	은			'	쿠
믈	(	태	양	의		섬	)	'	라	고		부	른	다	.		온	통		소	나
	뒤	덮	한	인		남	국	의		산	호	섬	=	은		산	악	의		낙
장	송	에		익	숙	한		우	리	에	게	는		특	이	한		풍	광	이
다	닐		수		없	다	.		그	래	서		더	더	욱		호	기	심	이
가	득	했	다	.		이	들		소	나	무	는		아	주		특	별	하	다 .
상	에		있	는		소	나	무		1	9	종		소	나	무		가	운	데
종	이		오	직		이		섬	에	만		있	어	서	이	다	.		그	것 도
종	이		모	두		그	렇	다	.		그	러	니		한	번	도		본	
없	는		소	나	무	일	터	였	다	.		마	젠	타	―	공	항	에	서	
뺑	팽	―	행		비	행	기	를		탔	다	.								

글로벌콘텐츠

세상 모든 글을 교열하고 싶다!

너무도 못생긴 한 여자가 세상 모든 남자가 자기를 피하자 이를 비관해 자살을 결심한다. 그녀가 죽기 전 마지막으로 빌었던 소원은 "세상 모든 남자와 키스하고 싶다"였다. 그녀가 묻힌 자리에서 풀이 한 포기 돋았는데 그게 바로 '담배'였단다. 멕시코 원주민의 전설이다.

오래전 필자는 한글로 된 '모든 문서를 교열해야겠다'는 야심 찬 꿈을 꾸었다. 교열 길에 들어선 후 30년 가까이 줄곧 남이 쓴 글만 정밀하게 읽고 교열하다 보니 글에서 글쓴이가 어떤 사람인지, 무슨 일을 하는 사람인지, 글 습관뿐만 아니라 성격은 어떤지 판단할 수 있게 됐다.

단순히 말을 문자로 옮기면 글이 된다. 말을 함부로 할 수 없듯이 글도 함부로 쓰면 안 된다. 말에 '듣는 이[聽者]'가 있듯이 글에도 '읽는 이[讀者]'가 있다. 혼잣말을 듣는 이는 자신이며 일기를 읽는 이 역시 자신이다. 실언(失言)을 부끄러워해야 한다면 실문(失文) 역시 부끄러워해

다 쓴 글도
다시 보자

야 한다. 가는 말이 고와야 오는 말이 곱다면 쓰는 글이 좋아야 읽는 이의 평도 좋을 것이다.

표어와 포스터가 유행이던 1960년대 곳곳에 나붙은 표어 중에 "자나 깨나 불조심, 꺼진 불도 다시 보자!"라는 화재를 경계하는 표어가 있었다. 필자는 이 표어를 '자나 깨나 글 조심, 다 쓴 글도 다시 보자!'로 바꿔 보았다. 이에 따라 이 책의 제목을 《다 쓴 글도 다시 보자》로 정한 것이다.

독자를 의식하고 쓰는 글이라면 대부분의 필자는 한 번에 써서 바로 공개하지 않는다. 노벨 문학상 수상자인 아일랜드 작가 버나드 쇼 (Bernard Shaw)의 일화가 그걸 말해 준다. 그가 새벽까지 혼신을 다해 집필을 막 끝낸 원고를 본 아내는 "쓰레기"라고 잔인하게 평가했다. 그러자 버나드 쇼는 "일곱 번만 교정하면 완벽해진다"라고 응수했다고 한다. 수정 없는 명저는 없다고 봐야 한다.

단행본을 예로 들면 일단 기고(起稿) 후 탈고(脫稿)까지 수정을 거듭하게 된다. 내용을 수정하고 문장을 고치며 표현을 바꾼다. 탈고 후에는 퇴고(推敲) 과정에서 첨삭(添削)과 윤문(潤文)을 거친다. 그래도 완벽하지 않다는 생각이 들면 전문 교열사에게 교열(校閱)을 의뢰하기로 마음먹는 것이다. 자신이 쓴 글을 자신이 수정하는 데는 한계가 있기 때문이다. 수정 과정에서 맞닥뜨리는 그 한계를 극복하는 데 이 책이 도움이 되리라 믿는다. 제목 그대로 글을 쓴 사람이 '다 쓴 글도 다시 볼 때' 글은 광이 나고 빛이 날 것이다.

언론사에서 기자가 인터뷰하겠다고 찾아왔는데 헝클어진 머리에 세수도 안 한 민낯으로 인터뷰어(Interviewer)를 만나는 인터뷰이(Interviewee)는 없다. 밤새 잠자리에서 뒤척이느라 헝클어진 머리는 감고 단정하게 빗질하고 눈곱 낀 얼굴은 깨끗이 세수하고 화장을 화사하게 한 얼굴로 나가지 않겠는가. 하물며 자신의 마음과 지식을 담은 글을 헝클어진 머리, 민낯으로 내보낼 수는 없다. 할 수 있다면 고치고 바루고 다듬어 내보내야 한다. 거기에 필자의 이 책이 도움이 되리라 믿는다.

이 책은 문법 해설서도 아니고 딱히 맞춤법 안내서로 보기도 어렵다. 필자가 30년 가까이 교열하는 동안 아쉽거나 안타깝게 느낀 부분을 칼럼이란 형식을 빌려 글로 써서 모아두었다가 편집한 책이다. 따라서 틈나는 대로 써서 개인 블로그에 올려두었던 글이 많다. 그저 읽어 내려가면서 한 가지라도 머릿속에 저장해 두었다가 스스로 글을 쓸 때 유용하게 활용하면 좋겠다는 바람에서 펴냈다고 보면 될 것이다. 이 책의 내용

중 어휘나 문법 요소 설명에서 학교문법을 기준으로 하되 국립국어원 사이트와 표준국어대사전을 많이 참조했음을 밝힌다.

먼저 이 책을 구입하고 읽어 주시는 독자들께 진심으로 감사드린다. 이 책이 나오기까지 기도해 주신 도곡교회 백종용 목사님께 깊이 감사드린다. 특히 새벽마다 기도해 준 아내 김영희에게 감사한다. 표지 디자인을 선물해 주신 정진아 ㈜오운 대표님의 은혜를 오래 간직할 것이다. 교열과 관련한 이 책을 정성껏 교열해 주신 믿음직한 제자 김숙희, 김수현 선생님께 감사한다. 행여 오류가 있다 해도 이 두 분을 결코 탓하지 않을 것이다. 이 책에 오류가 있다면 모두 필자의 몫이다. 원고를 정리하고 다듬어 준 사랑하는 아들 신웅이와 딸 나랑이에게도 고마움을 표한다. 2017년 발간한 《교열기자의 오답노트》에 이어 이 책까지 빛을 볼 수 있도록 기꺼이 출판을 맡아 주신 글로벌콘텐츠 홍정표 대표님께 감사드린다. 🖋

2021년 5월
다산에서

차례

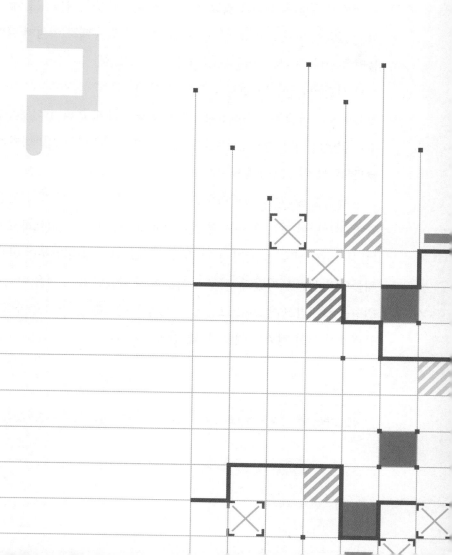

제1부

● ● ●

살며 교열하며

이성계 어른은 말이다…

.
.
.

어릴 때 홍역을 심하게 앓았다. 구토와 설사를 반복하며 두통에 시달리고 있었던 내 손을 잡고 할아버지는 그렇게 조선 태조 이성계 일화를 들려 주셨다. "이성계 어른은 말이다, 두 치 굵기에 석 자짜리 무쇠 막대기를 사판[⊙]에 글을 쓰면서 다 닳아 없앴단다." 고개를 갸웃하는 내게 할아버지는 말씀을 계속하셨다. "손가락 굵기에 팔 하나 길이지." 믿을 수가 없었다. 굵기가 5cm가 넘고, 길이가 90cm가 넘는 쇠막대기가 다 닳도록? 그것도 모래에 써서?

초등학교 6학년 여름방학이 시작될 때 독후감 쓰기 숙제가 있었다. 담임 선생님이 교탁에 책을 몇 권 올려놓고 마을 단위로 고르라고 하셨다. 마침 《이성계 전기》가 눈에 띄어 집어들었다. 그러자 우리 마을 아이들의 원성이 뒤따랐다. 너무 두꺼운 책을 골랐다며…. 마을 아이들의 원성을 무시하고 챙겼다. 그런데 그 책을 끝까지 다 읽어도 할아버지가 들려주신 그런 일화는 찾을 수 없었다.

⊙ 사판(沙板/砂板): 글씨 연습을 하기 위하여 널조각에 모래를 깔아서 만든 기구. 사반이라고도 한다.

그 일화가 사실이든 아니든 필자의 뇌리에 평생 남아 있게 됐다. 또 그 일화가 사실이든 아니든 글을 많이 써야겠다고 다짐하게 된 계기였음은 분명하다. 필자가 글을 읽고 쓰고 다듬기를 좋아하게 된 원인(遠因)은 결국 할아버지였음을 뒤늦게 알게 됐다.

60대 중반을 넘어선 올해 세 손주의 할아버지가 되었다. 친손자, 외손녀, 외손자가 하나씩이니…. 먼 훗날 이 아이들이 자라 성인이 됐을 때 '나를 과연 어떤 할아버지로 기억할까?' 하는 생각을 올해 들어 유독 많이 하게 된 이유이기도 했다.

어릴 때는 새벽마다 사랑방에서 흘러나오는 할아버지의 한시(漢詩) 낭송 소리에 잠을 깨곤 했다. 초등학교 다닐 때부터 잠이 덜 깬 게슴츠레한㉠ 눈으로 사랑방으로 들어가 할아버지께 천자문㉡ 그리고 직접 붓으로 필사하신 유문선습㉢과 명심보감㉣을 배웠다.

할아버지는 가느다란 싸리나무로 책대를 여러 개 만드셨다. 한자(漢字)를 짚어 가면서 읽고 뜻을 새기게 할 목적으로 만드셨는데 이따금 체벌용 매로도 사용하셨다. 할아버지가 휘두르는(?) 책대에 맞아 가면서

㉠ '게슴츠레(하다)'는 '거슴츠레(하다)'와 같은 뜻으로 쓰이는 말이며 '게슴프레(하다)'는 비표준어이다.

㉡ 천자문(千字文): 한문 학습의 입문서이다. 중국 양나라 주흥사(周興嗣)가 지은 책으로 모두 1,000자로 되어 있다.

㉢ 유문선습(幼文先習): 천자문 이후 배우는 초급 교재로 조선 중종 때 학자 박세무(朴世茂)가 1670년(현종 11)에 처음 간행했다. 원래 이름은 '동몽선습(童蒙先習)'이다.

㉣ 조선시대 어린이들의 인격 수양을 위한 한문 교양서이다. 고려 충렬왕 때 추적(秋適)이 중국 고전에서 보배로운 말이나 글을 163항목으로 배열, 편집한 책이다.

할아버지가 선창하는 운율에 따라 한자를 읽고 한문을 읽었다. 소리 내어 읽고, 한 글자 한 글자 짚어 가며 음과 훈을 말하고, 문장의 뜻까지 새겨야 했다. 처음 명심보감을 펼쳤을 때 이렇게 공부했다.

1) "子曰, 爲善者 天報之以福 爲不善者 天報之以禍"
2) "자왈~위~선자는 천보~지~이복하고~ 위~불선자는~! 천보~지 이~화니라."
3) "글자 자, 가로 왈, 할 위, 착할 선, 놈 자, 하늘 천, 갚을 보, 갈 지, 써 이, 복 복, 할 위, 아니 불, 착할 선, 놈 자, 하늘 천, 갚을 보, 갈 지, 써 이, 재화 화."
4) "선을 행하는 자에게는 하늘이 복으로 갚고, 선을 행하지 않는 자는 하늘이 화로 갚느니라."

한 페이지를 끝내면 바로 먹을 갈아 외운 문장을 창호지에 써야 했다. 그때 할아버지께서는 다 아셨다. 정성스럽게 쓰는지 마지못해 억지로 쓰는지를…. 그래서 그때 많이 맞은 건 다 이유가 있었다. 그렇게 우리 할아버지는 글 읽기를 좋아하고, 글쓰기를 좋아하며, 글다듬기를 좋아하는 손자로 만드신 것이다. 할아버지의 그 고마움을 뒤늦게라도 깨달았으니 참으로 다행이란 생각이 든다. 필자가 글과 함께 보낸 30년에 가까운 세월이 이성계 일화와 결코 무관하지 않다고 믿는다. 먼 후일 우리 손주들에게서도 "할아버지 덕분에 글을 좋아하게 됐다"라는 그런 덕담을 들을 수 있기를 기대한다. 나는 글을 좋아하는 할아버지니까! 🅷

교열이 뭐예요?

.
.
.

우리말은 규칙이 어렵고 복잡한 편이다. 그래서 교열이 필요하다. 글 쓰는 이 모두가 우리말 규칙에 따라 완벽하게 쓸 수는 없다. 그래서 교열이 필요하다. 누구나 잘 쓴 글을 자기 이름으로 내놓고 싶어 한다. 그래서 교열이 필요하다.

글은 지을 때부터 퇴고ⓐ 과정을 거친다. 탈고ⓑ 후에는 교정ⓒ과 윤문ⓓ이 이뤄진다. 퇴고, 교정, 윤문, 이 모든 과정을 교열ⓔ이라는 단어로 묶을 수 있다.

글에서 잘못된 것이 발견되면 바로잡아 고치려는 마음은 누구에게나 있다. 다만 전문 교열사와 다른 점이라면 정도의 차이뿐이다. 필자가 교열해 온 30년에 가까운 기간은 어쩌면 실수투성이의 세월이었다.

ⓐ 퇴고(推敲): 글을 지을 때 여러 번 생각하여 고치고 다듬는 일을 가리킨다. 당나라의 시인 가도(賈島)가 '僧推月下門'이란 시구를 지을 때 '推'를 '敲'로 바꿀까 말까 망설이다가 한유(韓愈)를 만나 그의 조언에 따라 '敲'로 결정했다는 데서 유래한다.

ⓑ 탈고(脫稿): 원고 쓰기를 마침.

ⓒ 교정(校訂): 남의 문장 또는 출판물의 잘못된 글자나 글귀 따위를 바르게 고침.

ⓓ 윤문(潤文): 윤색(潤色)과 같은 말로 글을 윤이 나도록 매만져 곱게 함.

ⓔ 교열(校閱): 문서나 원고의 내용 가운데 잘못된 것을 바로잡아 고치며 검열함.

사람이 실수를 하면 먼저 자신에게 부끄럽고 그다음은 다른 사람에게 부끄러움을 느낀다. 그래서 감추고 싶어지고 후회를 곱씹게 된다. 필자 또한 예외가 아니었다. 다시는 이와 똑같은 우를 범하지 않겠다고 다짐하면서 자신을 발전시켜 왔다.

그 실수담을, 다시 말해 실수할 때마다 곱씹고 다짐했던 수많은 경우를 모아 나름대로 정리해 보았다. 그리고 제목을 '교열사의 기본 예의와 자세'라고 달았다. 이것은 결코 '교열사는 이렇게 해야 한다'라는 지침을 제시하는 것이 아니라 다시는 우를 범하지 않겠다는 필자의 다짐에 해당한다. 부디 교열사라면 필자의 전철을 밟지 않기를 소망하면서 22가지 실수담을 여기에 공개한다.

● 교열사의 기본 예의와 자세

1) 필자의 글 수준을 함부로 평가하지 말라.
필자 나름대로는 잘 쓴다고 쓴 글이다.

2) 악필이라고 나무라지 말라.
악필이 없으면 교열사 또한 필요 없다.

3) 필자의 의도를 존중하라.
필자의 글이지 교열사의 글이 아니다.

4) 필자의 스타일을 중시하라.
필자가 원하면 따라주라.

5) 대안을 제시하되 지나치게 고집부리지 말라.

괜히 인간성만 들통난다.

6) 마감 시간은 반드시 준수하라.

비용을 제때 받으려면 반드시 지켜야 한다.

7) 메모지를 항상 지참하라.

뒤에 아쉬워하지 않으려면….

8) 사전을 끼고 살라.

정확하게 교열하는 지름길이다.

9) 교정부호를 정확하게 사용하라.

그려진 교정부호를 보면 경력이 보인다.

10) 첫 문장은 반드시 두 번 읽으라.

누구나 쉽게 흘려버리는 게 첫 문장이다.

11) 추정 교열은 절대 하지 말라.

'~겠지'를 좋아하면 사고 나기 십상이다.

12) 고유명사 표기는 일관성을 유지하라.

반드시 문서 전체에서 확인하라.

13) 긴 단어는 반복해 읽으라.

글자 하나가 틀렸는데도 쉽게 넘어가는 함정이다.

14) 오자 옆에 오자 있음을 명심하라.

반드시 조사와 어미에 신경 쓰라.

15) 많이 고친 문장은 다시 읽으라.

자신도 모르게 교열 오류가 나올 수도 있다.

16) 되도록이면 핫키(hot key)를 사용하라.

시간은 곧 돈이다.

17) 수시로 어문법을 익히라.

프로가 되는 필수 과정이다.

18) 지구력을 기르라.

그러지 않으면 문서 품질이 리듬을 타게 된다.

19) 정보를 최대한 많이 확보하라.

비축된 정보는 교열사의 최대 무기이다.

20) 단번에 내용을 파악하라.

내용을 잘 모르면 교열은 불가능하다.

21) 종류별 오류를 한눈에 파악하라.

집중력을 최대로 끌어올려야 가능하다.

22) 빠르게 진단하고 빠르게 수정하라.

느린 진단과 세월없는 교열은 누구나 한다. KPI

한 문장도 교열해 주시나요?

.
.
.

교열이란 일을 하다 보면 주로 전화로 교열 문의가 많이 들어오는 편이지만 메신저나 카톡으로, 이메일로, 홈페이지로 들어오기도 한다. 드물긴 하지만 블로그 댓글로도 교열 문의가 들어온다.

교열을 의뢰하는 곳이 정부기관이나 공기관을 비롯해 회사, 기획사, 개인 등 다양하기에 문서도 다양하기 마련이다. 장르도 다양하고 문서 분량도 다양하다. 문서 종류나 분량, 파트너십 관계에 따라 비용 책정 또한 다양하게 이뤄진다. 하지만 교열 비용을 규격화하기엔 변수가 너무 많기에 비용 책정이 쉽지는 않다.

이런 질문을 많이 받는다.

"한 문장도 교열해 주시나요?"

"분량이 얼마 안 되는데… 교열해 주시나요?"

"이 표현이 맞는지, 한 가지만 좀 봐 주실 수 있어요?"

이렇게 물어오면 어떻게 답하는 게 현명할까? ①한 문장요?…좀 곤란한데요. ②지금 좀 바빠서…죄송합니다. ③음~ 얼마 주실 건데요? 하하. ④그럼요. 당연히 교열해 드려야지요. 필자는 실제 몇 번 들어본 질문이다. 물론 ④로 답했기에 이 이야기를 여기에 올린다. 한 문장을 교열하고 교열 비용을 받는다? 교열 비용으로 적게는 수십만 원, 많게는 수천만 원을 지급해야 하는 의뢰자라면 미리 '간'을 보지 않겠는가? 그런데 간을 보는 사람이 미리 본다고 말하고 간을 보겠는가. 수만 원짜리 발주가 수천만 원짜리 발주로 돌변하게 하는 것은 결국 교열사의 몫이다. 이것은 저비용으로 고품질 교열을 요구하는 의뢰자와 고비용 교열을 원하는 교열사의 '밀당' 이전의 프로세스이다.

최근에 '거래처'라 할 만한 어느 기획사 대표께서는 이동 중에도 카톡으로 메시지를 쉴 없이 보낸다. 단순한 표현부터 단 한 문장, 많아야 몇 문장이다. 처음에는 그분께 교열 비용 청구서를 보내며 '카톡 교열' 부분은 제외했다. 그랬더니 그분은 완강하게 그러셨다. 그간에 보냈던 조각문서(카톡 메시지)를 파일로 정리해 보내주시며 꼭 비용에 포함하라고, 그래야 다음에도 당당하게 요청드릴 수 있기 때문이라고…. 카톡 메시지를 확인하면서 마음이 참 따뜻했다! 책을 낸다고 했더니 그는 기꺼이 표지 디자인을 선물로 주셨다.

앞에 적은 글을 사진과 함께 페이스북에 올렸더니 제가 잘 아는 언론사 기자 한 분이 이런 댓글을 달았다.

> 어느 날 꽃장수가 이발소에 왔어요.
> 이발을 하고는 얼마냐고 물었지요.
> 이발사는 이번 주는 마을을 위해 자선봉사를 하고 있어 돈을 안 받겠다고 했지요.
> 꽃장수는 즐거운 맘으로 이발소를 떠났어요.
> 다음 날 아침 이발사가 출근하니 꽃다발과 감사카드가 꽂혀

있었지요.

　다음 날에는 경찰관이 왔어요.

　이발사는 또 이번 주는 마을을 위해 자선봉사를 하고 있어 돈을 안 받겠다고 했지요.

　경찰관은 즐거운 맘으로 이발소를 떠났어요.

　다음 날 아침 이발사가 출근하니 도넛 한 판과 감사카드가 꽂혀 있었지요.

　다음 날에는 국회의원이 왔지요.

　이발사는 또 이번 주는 마을을 위해 자선봉사를 하고 있어 돈을 안 받겠다고 했지요.

　국회의원은 즐거운 맘으로 이발소를 떠났어요.

　다음 날 아침 이발사가 출근하니 12명의 국회의원이 공짜 이발을 하기 위해 줄을 서서 기다리고 있지 않았겠어요?

　정말 한 문장만 달랑 보낸 뒤 교열을 부탁한 분이 계셨다. 당연히 비용을 받지 않겠다며 정중히 거절했다. 그는 기어이 커피 한 잔을 곁들인 조각 케이크를 선물로 보내 주셨다. 이렇게라도 해야 마음이 편할 것 같다는 메시지와 함께….

　교열이 힘이 좀 들긴 해도 마음만은 따뜻한 건 바로 극히 작은 부분에도 소홀하지 않고 챙겨주시는 분이 많기 때문이다. 그래서 교열이란 일, 할 만하다. 보람 있다! 그래서 '꿈의 직업'이라고 스스로 떠들고 다닌다! ✎

이런 문서도 교열하나요?

.
.
.

"혹시, 이런 문서도 교열합니까?"
"못 하는 문서는 없습니다."

흔히 주고받는 질문과 대답이다. 없는 말로 대답한 게 아니다. 지금까지 소화한 문서는 보고서를 비롯해 사사, 월간지, 연구논문, 학위논문, 계획서, 교재, 단행본, 사전, 시집, 소설, 자소서, 논술, 브로셔, 칼럼 등이므로 거의 모든 종류의 문서라고 해도 과한 말이 아니다. 심지어 고소장이나 계약서, 감사패, 이메일, 카드뉴스, 메신저 같은 극히 단편적인 문서도 예외가 아니다.

지금까지 교열을 총 몇 건이나 했느냐는 질문을 받을 때가 있는데 그때는 "모릅니다"라고 대답할 수밖에 없다. 무려 30년에 가까운 기간의 흔적이 남아 있긴 하지만 어느 정도 분량인지는 도무지 짐작이 안 간다.

필자가 운영하는 한국어문교열연구원⊙에서 우리 교열사들과 함께

⊙ www.klpi.kr

연중 가장 많이 교열하는 문서는 아마도 보고서와 잡지일 것이다. 잡지는 월간지라 매월 15일 이후 25일까지는 자리를 비울 수 없게 만든다. 마감 일정이 조금씩 달라서 어렵지 않게 진행하고 있다.

해마다 연말부터 이듬해 초여름까지는 보고서 발간 시즌이다. '감◇연보', '외◎백서', '◆◆ 전망', '□□ 방안' 등 기관마다 이름만 다를 뿐 대부분이 1년에 한 번 내는 연차보고서이다. 원래 보고서는 보안 문제나 비용 부담 등으로 외부에 교열을 맡기는 것을 꺼리는 편이었고 주로 자체 교차교열(크로스체크)로 마무리하고 인쇄업체에 넘겨 출판하는 방식이었다. 그런데 몇 년 전부터 보고서 출간 기관에서 전문 교열을 의뢰하려는 움직임이 눈에 띄게 많이 늘어났다.

보고서란 말 그대로 특정 분야에서 연구와 조사, 분석 과정을 거치며 도출해 낸 정책 제안 자료로서, 후속 연구 자료의 가치를 내포한 문서라고 나름대로 정의해 본다.

보고서가 다 그런 건 아니지만 제목-발간사(또는 서문)-요약-목차(제목차례, 표차례, 그림차례)-서론-본론-결론-참고문헌-부록으로 구성된다. 분량을 보면 보통 100~300쪽, 길면 1,000쪽에 가깝다. 2020년과 2021년에 교열을 진행한 감◇원의 '감◇연보'는 900쪽이 넘었고 외◎부의 '외◎백서'는 300쪽이 조금 넘었다. 우리가 제일 많이 교열하는 한국◆◆정보원의 보고서는 100쪽에서 1,000쪽 정도로 보고서마다 분량이 다양하다.

"교열 요청하신 원저자분께서 지금껏 이렇게 받아본 적이 없다고 경탄하셨습니다."

몇 년 전 어느 기관의 보고서 발간 담당자가 메일에 적어 주신 극찬이었다. 어쩌면 이런 맛에 교열하는지도 모른다. 이유는 간단하다. 정성을 다했다는 것이 유일한 답이다. 보고서를 교열하다 보면 의외로 참 많이 알게 되고 많이 배우게 된다. 연구하시는 분들이 나름대로 긴 시간 조사하고 연구하며 분석한 결과를 정리한 문서이기에…. 간혹 보고를 위한 보고서처럼 느껴지는 문서도 없지는 않지만 그런 보고서는 극히 드물고 대부분이 알찬 내용으로 가득하다.

교열 과정에는 나름대로 루틴이 있다. ①1차 교열을 거치며 교열노트(Proofreading Note)⑦를 작성하고 ②1차 교열이 끝나면 2차 교열본이 나올 때까지 기다렸다가 ③2차 교열본이 나오면 3차 최종 검토를 거친다. 그 후 수정 내용이 문서에 포함돼 있는 교열본과 수정 내용을 문서에 모두 적용한 최종본(클린본), 보완한 교열노트를 저장하면 교열 작업 끝!

교열하면서 염두에 두는 몇 가지가 있다. 먼저 어문규정ⓛ 오류를 정확하게 수정하는 것은 교열의 기본이다. 문장을 아무리 잘 다듬고 고쳐

---

⑦ 교열노트(Proofreading Note): 정해진 양식이 따로 있는 것은 아니다. 필자가 오랫동안 사용해 온 양식에 따라 어휘나 표현의 통일성이나 수치 오류 같은 중요한 수정 내용을 '쪽(page), 원본 내용(before), 수정 내용(after), 참고(reference)' 형식으로 작성하는 노트이다.
ⓛ 어문규정: 어문규범이라고도 하는데 '한글맞춤법', '표준어규정', '외래어표기법', '국어의 로마자표기법' 등 4가지를 가리킨다.

도 조사나 어미 오류가 하나라도 눈에 띄면 교열을 맡기는 필자는 그런 교열을 신뢰하지 않는다. 사소한 오류는 없다. '틀릴 수 있지 뭐' 하고 함부로 치부할 일이 결코 아니다. 그런 게 발견되면 교열사는 필자에게 엄하게 꾸짖어 달라며 빌어야 한다.

다음으로 흔히들 윤문이라 하는 문장 수정이다. 필자의 의도를 훼손할 개연성이 있는 부분이기에 무척 조심스럽게 수정한다. 간혹 지나치게 긴 문장이 발견되면 연결어미 부분에서 분리하기도 한다. 그러나 확실하게 비문법, 비호응, 비논리 문장이라고 판단하게 되면 사정없이 수정에 들어간다. 다만 필자가 해명을 요구할 때를 대비해 정확한 근거를 교열노트에 명시해 둔다.

마지막으로 사실(팩트, fact) 확인은 필수이다. 물론 팩트 오류는 전적으로 필자의 공이다. 하지만 교열사가 오류를 찾아내 수정할 수 있다면 교열사의 신뢰도는 한층 더 높아지게 마련이다.

사실 문서 교열을 오래 하다 보면 교열 자체는 그리 어렵지 않다. 정작 어려운 것은 비용 협상이다. 결코 쉽지 않다! 원고 품질이 다르고 의뢰하시는 분의 성향이 모두 다르기 때문이다. 물론 교열 비용 지급 능력에 따라 협상 난이도에 차이가 있을 수 있다.

경험에 따르면 처음 교열을 의뢰하시는 분이 제일 먼저 교열 단가를 물어온다면 신기하게도 교열을 의뢰하지 않을 확률이 90% 이상이다. 그런 반면에 누가 교열하는지, 어떻게 교열하는지, 기간은 얼마나 걸리는지를 먼저 물어 보는 분들이 있다. 정말 전문 교열로 문서 품질을 높이려는 분들은 결코 비용이 많고 적음에 연연하지 않는다. 그분들에게 비용은 나중 문제이다. 신기하게도 교열을 의뢰할 확률은 90% 이상이다.

하긴 '최저 비용으로 최고의 품질'은 교열 의뢰자의 인지상정 아닌가. 반대로 교열하는 쪽에서는 '비용과 무관하게 최고의 품질'을 모토 (moto)로 교열하면 한결 편한 마음으로 할 수 있다.

아무튼 어렵사리 단가 협상이 끝나고 교열이 마무리되면 대부분이 약속한 결제일을 지키는 편이다. 물론 그렇지 않은 분도 가끔 있어서 속을 좀 끓이는 경우도 있긴 하지만…. 한편으론 결제가 늦으면 늦은 대로 한동안 '받을 돈'이 있다는 행복감에 젖을 수 있다.

결제 방법은 무통장 입금이든, 신용카드 결제이든 또 개인으로 받든, 사업체로 받든 상관없다. 왜냐하면 납세자의 의무를 두려워하지 않기로 했으니까. 사실 세금은 번 만큼 내는 거니까 세금이 많이 나오면 돈을 많이 번 것이므로 불평할 이유가 없다. 따라서 지난해보다 올해, 올해보다 내년, 내년보다 내후년에 더 많은 세금을 내고 싶다! 🖊

.

.

.

띄어쓰기는 한국어를 배우는 외국인이 가장 어려워하는 맞춤법 규칙인데 한국어를 모국어로 쓰는 한국인이라 해도 결코 만만치 않은 규칙이다. 사람에 따라 "이런 것도 틀려?" 하고 의아해 할 수도 있겠지만 맞춤법을 정확히 모르거나, 안다고 해도 신경 쓰지 않으면 당연히 틀릴 수밖에 없다. 아래 몇 가지 문장을 예시로 들고 간단하게 해설을 달았다. 보고서를 작성하시는 분들께는 도움이 되리라 믿는다.

● 못다한/못∨다한/못다∨한/못∨다∨한

① 이전 정부에서 **못다한** 지원 사업을 이번 정부에서 시행하기로 했다.
② 이전 정부에서 **못∨다한** 지원 사업을 이번 정부에서 시행하기로 했다.
③ 이전 정부에서 **못다∨한** 지원 사업을 이번 정부에서 시행하기로 했다.
④ 이전 정부에서 **못∨다∨한** 지원 사업을 이번 정부에서 시행하기로 했다.

※정답: ③ ⑦

⑦ 못다(다 하지 못함을 뜻하는 부사)+한(하다의 어간 '하'+전성어미 'ㄴ'을 더한 관형어)

● SNS만한/SNS만∨한/SNS∨만한

① 현대인의 소통 방법 중 **SNS만한** 도구는 없을 것이다.

② 현대인의 소통 방법 중 **SNS만∨한** 도구는 없을 것이다.

③ 현대인의 소통 방법 중 **SNS∨만한** 도구는 없을 것이다.

※정답: ②[㉠]

● 그동안/그중/그∨동안/그∨중

① **그동안** OECD 회원국을 대상으로 조사한 결과에 따르면 한국이 **그중**에서 비율이 가장 높은 편이다.

② **그∨동안** OECD 회원국을 대상으로 조사한 결과에 따르면 한국이 **그∨중**에서 비율이 가장 높은 편이다.

※정답: ①[㉡]

● 그다음/그∨다음

① **그다음**은 일본인 것으로 나타났다.

② **그∨다음**은 일본인 것으로 나타났다.

※정답: ①[㉢]

㉠ 만(보조사)+한('하다'의 어간 '하'에 전성어미 'ㄴ'을 더한 관형어)

㉡ '그동안'과 '그중'은 합성어로 붙여 써야 한다.

㉢ '그다음'은 합성어로 붙여 써야 한다.

● 이같은/오래전/이∨같은/오래∨전

① **이같은** 현상은 **오래전**부터 이어 온 현상이다.
② **이∨같은** 현상은 **오래∨전**부터 이어 온 현상이다.
③ **이∨같은** 현상은 **오래전**부터 이어 온 현상이다.

※정답: ③⁽ᵍ⁾

● 관리하/관리∨하

① 지금까지는 정부에서 관리해 왔으나 내년부터는 지방정부 **관리하**에
둘 것으로 보인다.
② 지금까지는 정부에서 관리해 왔으나 내년부터는 지방정부 **관리∨하**
에 둘 것으로 보인다.

※정답: ①⁽ᴸ⁾

● 법률상/법률∨상

① 하지만 **법률상** 문제가 없는지 여부도 검토해야 할 것으로 보인다.
② 하지만 **법률∨상** 문제가 없는지 여부도 검토해야 할 것으로 보인다.

※정답: ①⁽ᶜ⁾

㉠ '이∨같은'은 '이와 같은'의 줄인 표현으로 띄어 써야 하지만 '이같이'는 이(대명사)+같이(조
사) 형식의 부사로 붙여 써야 한다. '오래전'은 합성어로 붙여 써야 한다.
㉡ '-하'는 접미사 '-하다'의 어간이므로 앞말에 붙여 써야 한다.
㉢ '-상'은 접미사이므로 앞말에 붙여 써야 한다.

제4차/제∨4차

① **제4차** 산업혁명은 **제3차** 산업혁명과 비교할 수 없을 만큼 전 산업에서 변혁이 예상된다.
② **제∨4차** 산업혁명은 **제∨3차** 산업혁명과 비교할 수 없을 만큼 전 산업에서 변혁이 예상된다.

※정답: ①⑦

자료:통계청/자료:∨통계청/자료∨:∨통계청

① **자료:통계청**, 2020 인구주택총조사
② **자료:∨통계청**, 2020 인구주택총조사
③ **자료∨:∨통계청**, 2020 인구주택총조사

※정답: ②ⓛ

　지금까지 수백 권의 보고서를 교열하면서 위에 든 9가지 띄어쓰기 오류가 없는 보고서는 드물었다. 조사와 어미, 접사는 붙여 쓴다는 기본만 알고 있어도 어느 정도 띄어쓰기는 소화할 수 있다.

　다만 조사와 접사, 어미를 구별하지 못하거나 단일어인지 복합어인지도 구별할 수 없다면 띄어쓰기는 따르기가 요원한 규칙일 수밖에 없다. 🔲

---

⑦ '제-'는 접두사이므로 뒷말에 붙여 써야 한다.
ⓛ 문장부호 중 쌍점(:)은 점수나 비율을 나타내는 경우 외에는 '◌:∨' 형식에 따라야 한다.

세눈박이 교열사

.
.
.

● 백눈박이

신화에 나오는 아르고스(Argos)는 눈이 100개나 달려 있어서 눈에 '안' 뵈는 게 없었다. 눈이 100개나 있으니 죄다 보였다. 그래서 '백눈박이'라고 해야 하나…. 아무튼 그 시절 제우스(Zeus)가 정실 헤라(Hera) 몰래 예쁜 여자 이오(Io)와 바람을 피운다. 아뿔싸~! 그만 헤라에게 들키고 만다. 그렇거나 말거나 이미 이오에게 마음을 빼앗긴 제우스는 이오를 예쁜 암소로 만들어 가까이 두게 된다.

그러자 헤라는 참다못해ⓐ 비책을 쓴다. 제우스에게 암소를 선물로 달라고 해서 데려온 뒤 바로 백눈박이 아르고스를 불러 암소가 된 제우스의 애첩 이오를 감시하라고 지시한다. 눈이 100개나 되니 감시야 뭐 식은 죽 먹기였겠지.

제우스 또한 가만있을 리 없다. 제우스는 헤르메스(Hermes)에게 아르고스를 죽이라고 명했다. 그러자 헤르메스는 피리를 불어 아르고스

ⓐ 주로 '참다못한', '참다못해' 꼴로 쓰이는 기본형 '참다못하다'는 합성어이다.

를 잠재운 뒤 단칼에 목을 쳐 죽여 버렸다.

아르고스의 비보를 접한 헤라는 아르고스를 애도했다. 그리고 그의 눈 100개를 그가 늘 데리고 다니던 공작의 깃털로 모두 옮겼다고 한다.

● 네눈박이

신화에는 '네눈박이'도 나온다. 야누스(Janus)는 눈이 네 개였을 것이다. 얼굴이 두 개였으니…. 연말연시만 되면 야누스가 생각난다. 지난해와 새해를 동시에 본다는 데서 1월을 야누스의 이름에서 유래한 재뉴어리(January)로 했다고 한다. 브라질의 리우데자네이루(Rio de Janeiro)도 1월에 발견했다고 해서 1월의(de Janeiro) 강(Rio)이란 뜻으로 이름이 붙여졌다고 한다. 물론 그 이름에도 야누스(Janus← Janeiro)가 들어 있다.

● 세눈박이

2020년 봄에 열심히 봤던 미국 드라마 '왕좌의 게임'에서는 '세눈박이' 까마귀가 나온다. 어린 브랜의 꿈속에 자주 나타나며 미래를 보여주는 눈이 세 개인 까마귀….

● 외눈박이

또 그리스 신화에는 눈이 한 개만 달린 '외눈박이' 거인족 '키클롭스 (Cyclopes)'가 나온다. 그 외눈박이 중에서 폴리페모스(Polyphemus)

는 안타깝게도 오디세우스(Odysseus)에게 그만 하나뿐인 눈이 찔려 바로 맹인(盲人)이 되고 말았다.

이쯤에서 만일 사람은 두눈박이니까 외눈박이와 세눈박이, 네눈박이, 백눈박이 중에서 어느 '박이'가 부러울까? 필자는 단연 세눈박이가 부럽다. 나름대로 이유가 있다. 교열 일을 하다 보면 가끔은 눈이 하나 더 있었으면 좋겠다 싶을 때가 있어서이다.

문서에서 맞춤법 오류도 봐야 하고 문장과 문맥 오류도 봐야 하며 내용(fact) 오류도 봐야 해서 그렇다. 세 개의 눈이 따로 따로 기능한다면 그래서 세 가지 오류를 동시에 찾아 단번에 수정할 수도 있겠다는 맹랑한 생각을 해 본다. 눈 하나는 맞춤법 오류를 살펴보고, 다른 하나는 문장과 문맥을 살펴보고, 또 다른 하나는 내용을 살펴볼 수 있다면 그야말로 신속하고 완벽하게 교열할 수 있을 테니까.

현실은 그게 불가능하다. 어쩔 수 없이 주어진 두 눈으로 '세눈박이'인 것처럼 세 가지 오류를 동시에 살피면서 교열하는 것이다. 그것은 결코 쉽지 않은, 어떻게 보면 기술(스킬)에 속할 수도 있고, 달리 보면 노하우일 수도 있다. 그러나 먼저 기본적인 문법 지식을 쌓고 집중력 훈련을 계속하며 긴 시간 묵묵히 교열하다 보면 요원한 것도 아니다. 이는 필자의 경험이며 현실이다.

나는 그렇게 30년에 가까운 세월을 쉼 없이 달려왔다. 웬만한 건 '세눈박이' 흉내 정도는 낼 수 있다. 눈을 갖다 대기만 하면 세 종류의 수많은 오류가 "나 틀렸소" 하고 자수하는 듯 보인다. 그래서 교열이란 일이

참 좋다. 정말 재미있다. 그것이 스스로 교열사를 '꿈의 직업'이라고 부르는 이유이다.

아닌 들 어쩌겠나. 그렇다고 믿고 지금도, 오늘도 그 길을 초연히 걷고 있으니…. KPI

일점일획도…

.

.

.

그때를 기억하면 아직도 얼굴이 화끈거릴 정도로 창피하다. 동아일보에서 교열기자였을 때 기억에 남는 실수담 두 가지를 공개할까 한다.

첫 번째 실수담이다. 법원 출입 기자가 초판 신문에 '유죄'로 나간 내용을 '무죄'로 고쳐서 내려 보냈다. 그다음 판에서 수정하라고…. 편집자가 수정해 뽑아 준 대장⊙과 수정자를 비교하며 대충 확인한 후 'OK'를 적고 개인 사인을 '쓱' 해서 보냈다. 그다음 날 아침 최종판 신문을 확인하자마자 사달이 나고 말았다. 무죄가 아닌 유죄 판결로 나간 것이다. 판사의 무죄 판결을 필자가 유죄 판결로 뒤집은 꼴이 된 것이다.

두 번째 실수담이다. 2010년 밴쿠버 동계올림픽 기사가 스포츠 면을 장식하던 그때 어이없는 실수를 범하고 말았다. 1면에 매일 그다음 날(실제는 당일) 출전 선수 명단과 종목, 시간을 박스에 담아 내보냈다. 그날 거기에 500m에 출전하는 '모태석'이라는 선수가 있었다. 아무 생각 없이, 확인도 않고 '모태석'이란 선수도 있구나 싶어서 그냥 넘어가

⊙ 대장(臺狀): 신문 인쇄에서 한 면을 조판한 뒤에 교정지와 대조하기 위해 간단하게 찍어 내는 인쇄용지.

버렸다. 그다음 날 아침 하필 그 친구가 금메달을 따면서 '모태석'이 아니라 '모태범'이라는 사실을 알게 됐고, 그러자 편집국에서는 한때 소동이 일었다.

이 두 건의 교열사고에는 공통점이 있다. 모두 단 한 글자 때문에 일어난 사고라는 점이다. 이미 희대의 교열사고로 알려진 1950년대 이승만 정권 시절의 '견통령(犬統令)' 사건[⌐]을 굳이 들먹이지 않아도 교열 세계에서는 단 한 글자 오류가 심각한 사태로 발전하는 경우가 많다.

성경에는 이런 문장도 있다. "율법의 일점일획도 결코 없어지지 아니하고…."[ⓛ] 여기서 일점은 히브리어 알파벳의 가장 작은 글자(요드)를, 일획은 일점보다 더 작은 것으로 비슷한 글자를 구분하는 획의 연장부분(extension)을 가리키는 것으로 해석한다.

히브리어 알파벳 '요드'

히브리어 알파벳 '달렛'(왼쪽)과 '레시'. 달렛의 동그라미 부분이 획에 해당한다.

⌐ 1953년 '대통령(大統領)'을 '견통령(犬統領)'으로 잘못 보도한 어느 신문사의 편집국장이 전격 구속된 사건이다.
ⓛ 성경 마태복음 5:18.

히브리어는 원래 모음은 없고 자음만 있었다. 모음을 결합한 것은 7세기 마소라[⊙] 학자들이었다고 한다. 히브리어 모음 가운데는 자음에 점을 1개 찍을 때와 2개 찍을 때 또는 3개 찍을 때 발음과 의미가 달라지기도 한다. 그래서 히브리어는 파리가 와서 똥만 싸도 의미가 달라진다는 말이 나온 것이다.

가수 김명애의 노랫말에는 한 글자가 아니라 점 하나로 의미가 달라지는 예를 볼 수 있다.

"남이라는 글자에 점 하나를 지우고 님이 되어 만난 사람도….."

조선 세조 때 무신 남이(南怡)의 북정(北征)이란 시조를 보자.

白頭山石磨刀盡(백두산 돌은 칼을 가느라 닳아 없애고)
豆滿江水飮馬無(두만강 물은 말을 먹이느라 말라 없앴노라)
男兒二十未平國(남자 나이 스물에 나라를 평온케 하지 못하면)
後世誰稱大丈夫(후세에 누가 그를 대장부라 부르리오)

유자광이 '男兒二十未平國'에서 글자 한 자를 슬쩍 바꿔(平→得) '男兒二十未得國'으로 고쳐버린다. '남자 나이 스물에 나라를 평온케 하지 못하면'을 '남자 나이 스물에 나라를 얻지 못하면'으로 바꾸고 남이를

⊙ 마소라: 마소라는 '전통'이란 의미인데 성경 사해사본을 필사한 사람들을 가리킨다. 이들은 오랜 포로 생활에서 히브리어를 잊어버려 히브리어를 구사하는 데 어려움이 있었던 유대인들을 위해 모음을 개발해 필사하면서 적용했다.

역적으로 본 것이다. 그래서 남이는 역적 누명을 쓰고 거열형ᵀ으로 세상을 하직하고 말았다. 글자 한 자가 한 장군의 목숨을 형장의 이슬로 보낸 것이다.

자기 이름에서 글자 하나뿐 아니라 획 하나만 바꿔도 이미 자기 이름이 아닌 것이다. 필자의 조카 이름은 '鎬鈞(호균)'이다. 그런데 초등학교 취학 후 확인된 호적상 이름은 '鎬釣(호조)'였다. 그 당시 면사무소 호병계 직원의 실수로 **'고를 균(鈞)'** 자가 점 하나 빠진 **'낚시 조(釣)'**로 둔갑한 것이다. 단지 점 하나만 덜 찍은 실수로 개명 절차를 밟게 한 것이다. 일점일획이 소중하다는 것은 비단 교열사의 인식으로만 끝나서는 안 될 성싶다. 🅗

ᵀ 거열형(車裂刑): 죄인의 다리를 두 대의 수레에 한쪽씩 묶어서 몸을 두 갈래로 찢어 죽이던 형벌. 조선 중기에 없어졌다.

어설픈 교열기자의 업그레이드

.
.
.

    30대 끝자락에 '철밥통' 교사직을 박차고 나와 동아일보에서 교열기자의 길에 들어선 지 15년 만에 정년퇴직했고 그 이듬해 중국해양대학교[⊙] 한국학과 초빙교수로 갔다. 강의실 복도에서 중국 대학생들이 함께 부르는 '고향의 봄'을 엿들으며 가슴 벅찬 감동을 맛보기도 했다. 피치 못할 사정으로 2년을 다 채우지 못하고 귀국하면서 밀려오는 아쉬움을 달랬다. 귀국 후 한국어문교열연구원이란 이름으로 사업자 등록을 하고 어문교열사라는 민간자격증을 발급할 수 있는 자격을 취득했다. 그리고 지금까지 숨 가쁘게 교열 작업과 교열 강의를 병행하며 후진을 양성하고 있다.

⊙ 중국해양대학(中國海洋大學): 중국 산둥성 칭다오(靑島)에 있으며 해양, 수산과학을 중점으로 다양한 학과 계열을 갖춘 종합대학이다.
http://eweb.ouc.edu.cn/

● 99%와 뚝딱

이런 필자의 모습을 지켜보는 주위 사람들은 운 좋은 사람이라고 쉽게 말한다. 결코 그렇지 않다. 문법을 훤히 꿰고 있고 교열하는 방법까지 알고 있다고 해서 쉽게 교열 전문가가 되는 게 아니다. 정답이 없는 교열이란 작업에서 문서별, 장르별, 필자별, 문장별로 파악하고 수정해야 하는 변수가 수없이 많기 때문이다. 그래서 나름대로 '교열 전문가'가 되기 위해 무던히 노력했다. 스스로 전문가의 기준을 두 가지로 정의했다. 그 두 가지 기준이란 바로 '99%'와 '뚝딱'이었다. 누군가가 문법이나 교열과 관련한 뭔가를 물어왔을 때 '99%'는 정확하게 답할 수 있어야 하고 교열을 누구보다 쉽고 빠르며 정확하게 '뚝딱' 해낼 수 있어야 교열 전문가 소리를 들을 수 있다고 믿었다. 그래서 늦은 나이에 대학원에서 공부했고 책도 썼다. 지혜의 왕 솔로몬을 만난 스바의 여왕이 '몰라서 대답하지 못한 것이 없는 사람'[ㄱ]이라고 솔로몬을 극찬했다는 기록을 늘 가슴에 담고 살아왔다.

워드프로세서를 비롯해 스마트기기 사용법, SNS 활용 기법을 두려움 없이 익혔다. 아래아한글과 MS워드를 자유자재로 다루되 특히 교열 작업에 필수인 '검토' 기능을 다양하게 활용할 수 있게 됐다. 데스크톱 PC는 말할 것도 없고 노트북과 태블릿, 스마트폰을 다루는 방법도 거침없이 익혔다. PC에 원격 제어 애플리케이션을 깔아놓고 PC 3대와

[ㄱ] 구약성경 역대하 9:2.

노트북, 태블릿을 원격으로 연결해 작업하고 있다. 1일 조회 수 1,000회를 넘나드는 개인 블로그를 운영하고 있으며 페이스북과 인스타그램은 기본으로 접근하고 있다.

결코 '나는 이런 사람이다'라고 떠벌리고 자랑이라도 하려는 게 아니다. 이렇게 하지 않으면 현재의 교열과 강의 관련 사업 수준을 유지하기조차 버거워지기 때문에 하는 이야기이다. 그리고 교열이나 강의와 관련한 사업을 하려면 이 정도는 기본이라는 점을 설명하려는 것이다. 필자는 이처럼 지난한 과정을 통해 어설펐던 교열기자의 수준을 업그레이드할 수 있었다.

4 Ever

솔직히 말해 우리나라 국민 중에서 '교열'이 뭔지 모르는 사람이 아는 사람보다 더 많다. '교열기자' 또는 '교열사'라는 직업은 현재 고용노동부 직업분류표에서 눈을 씻고 봐도 찾을 수 없다. 그래서 교열이 뭔지도 모르는 사람들을 대상으로 강의할 때면 나름대로 구조화한 교열의 장점을 목청을 돋우며 피력할 수밖에 없다.

교열은 '4Ever'라고 강조한다. 교열을 배우면 '누구나(whoEver)', '어떤 글이든(whatEver)', '어디에서든(wherEver)', '언제까지든(whenEver)' 할 수 있다고 말이다. 없는 이야기가 아니다. 교열사의 현실이며 미래이다. 그리고 몰입도가 향상되면서 남보다 빠른 독해력을 비롯해 다양한 정보 습득이 가능하다는 점을 덧붙인다.

요즘 교열을 의뢰하는 사람들은 돈 줄 테니 교열해 달라고 그냥 맡기지 않는다. 교열사의 경력과 능력을 따지고 따져서 결정한다. 주로 어디에서 몇 년간 교열했는지, 학위는 있는지, 교열과 관련한 연구 실적이나 저서는 있는지를 꼼꼼히 따진다. 심하면 교열했다는 문서가 출판되거나 홈페이지에 올라 있으면 직접 찾아서 확인하는 절차를 거치기도 한다. 실제 '한국○○정보원'에서는 교열을 맡기기 전에 필자가 교열한 '◇◇부'의 '◇◇백서'를 꼼꼼히 확인했다는 후일담을 담당자에게서 들을 수 있었다.

● 민간자격 '어문교열사'

'모든 글이 문서로 빛을 보기 전에 교열을 거치는 세상이 오면 좋겠다.' 교열을 오래 하다 보니 곳곳에 알알이 박혀 있는 오류가 시도 때도 없이 돋을새김처럼 눈에 가득 들어올 때 불현듯 다가온 생각이었다. 혼자서는 발버둥질한다 해도 불가능한 일이다. 교열하는 사람이 아주 많아지면 가능하겠구나 싶었다.

그래서 일단 교열을 주제로 한 강의를 개설했다. 세상 모든 일이 다 그렇겠지만 뜻대로 착착 이뤄지는 일은 드물다. 배우려고 찾아오는 사람도 많지 않았고 그나마 찾아온 사람조차 배우다 말다를 반복한 끝에 슬며시 사라지곤 했다.

그 허탈감을 극복하기 위해 민간자격 문을 두드리게 됐다. 주위에서 말리는 이도 많았다. '제 살 깎아먹기'라는 논리에서다. 몰라도 한참 모르는 소리이다. 교열 수요는 예상을 넘는다. 교열 인력 공급이 더 많이 필요하다는 말이다. 이에 대처하고 있는 등록민간자격인 '어문교열사'[⊙] 과정은 현재진행형이다.

어문교열사 교육훈련 커리큘럼은 교열 기법만 전부가 아니다. 교열의 필수인 어문규정을 비롯해 문장론, 문장 진단법, 문서 교열법, 교열 관련 노하우가 포함돼야 한다. 여기서 교열 관련 노하우란 교열 수주, 비용 산정, 교열 작업, 교열노트 작성, 교열본 송부, 불만이나 질의 응대, 결제 절차, 세금 납부, 거래처 관리 등 다양하다.

한국어문교열연구원에서 필자 직강으로 오프라인 강의가 자격 급별로 진행 중이고 지방에 계시는 분이나 오프라인 강의에 참여하기 어려운 분을 위해 홈페이지에서 온라인 강좌도 개설했다(www.klpi.kr/kclass). 어문교열사 자격증을 취득하는 수많은 지원자의 전공은 국문학, 국어교육, 문화창작, 어학, 인문학, 공학 등 문과와 이과 구분 없이 다양하다. 또 수도권을 비롯해 전국 거의 모든 시도에서 도전하고 있다. 같은 관심사로 같은 길을 걷는 소중한 후배로, 필자의 교열 노하우를 모두 전수하고 싶은 제자로 맞이하고 있다. 교열을 배우고 싶거나 자격증까지 취득하고 싶어 찾아오시는 분들을 필자는 결코 '돈벌이 수단'으로 여기지 않는 이유이다. [KPI]

⊙ 어문교열사(등록번호: 2017-000230)는 3급에서 1급까지 등급별로 자격증을 취득할 수 있다(www.klpi.kr에서 어문교열사 소개 참조).

평등한(equality) 비용/공평한(equity) 비용

.
.
.

● 병아리 반작

 어릴 때 어머니가 용돈을 좀 불려 보겠다는 생각을 하셨던 모양이다.
시장에서 병아리를 20마리 사 오셔서 동네 어느 분께 맡기고 다 기르면
10마리씩 나누자고 제안하셨다. 일종의 반작[㉠]인 셈이다. 그분이 쾌히
응하셔서 병아리 20마리를 그분께 맡겼다.

 몇 달 지나 다 자란 닭을 나누기 위해 어머니는 나를 데리고 그분께
가셨다. 닭 10마리를 운반하기 위해 엄청 큰 자루를 들고 나섰다. 닭 10
마리를 회수한다는 기대감에서였는지 그날따라 어머니의 표정은 엄청
밝으셨다. 어떻게 나누는지 조금은 궁금했지만 꾹 참고 어머니를 졸졸
따라가 그분 집에 도착했다.

 그분은 닭 20마리를 가둬 둔 닭장으로 안내하셨다. 어머니는 가벼운
인사를 나누기가 바쁘게 닭장 문을 빼꼼히 열고는 두 마리를 먼저 꺼내
들고 그분을 쳐다보고 말했다.

㉠ 반작(半作): 둘이 반씩 나누어 가지거나 치름.

"어느 거?"

그분에게 먼저 고르라는 뜻이었다. 그분이 손가락으로 두 마리 중 하나를 가리키면 어머니는 그 닭을 마당에 풀어주고 나머지 한 마리를 내 손에 들린 자루에 담으셨다. 그렇게 열 번을 같은 방법으로 나누셨는데 가끔 그분이 선택한 후에 딴 말씀을 하시기도 했다. 마당에 풀어놓은 닭과 우리 자루에 넣는 닭을 번갈아보시면서 한마디 하신다.

"아니, 이게 더 큰 거 같은데⋯."

몇 번 반복되자 어머니가 슬그머니 화가 나신 모양이다. 그래서 언성을 높여 반복해 물으셨다.

"어느 거?", "이거? 이거?"

● 송아지 반작

그 당시에는 닭뿐만 아니라 소도 반작이 이루어졌다. A라는 사람이 B라는 사람에게 송아지를 두 마리 사줄 테니 반작하자며 제안했다. 돈이 궁한 B는 흔쾌히 돈을 받아 송아지 두 마리를 샀다. 그런데 B가 기르던 송아지 두 마리 중 한 마리가 그만 죽어 버렸다. 그러자 B는 A에게 가서 이렇게 말한다.

"미안하네. 자네 송아지가 죽었다네."

● 로또 반작

만일 복권을 2장 사서 다른 사람에게 맡기면서 어느 것이라도 되면 평등하게 반반 나누자고 했다. 그중에서 하나가 1등에 당첨되었다면 과연 약속대로 평등하게 반반 나눌 것인가? 아니면 자기 복권이 당첨한 거라며 입을 싹 닦을 것인가?

● 평등과 공평

사람마다 다르겠지만 욕심은 돈 앞에서 가장 크게 위세를 드러낸다. 그래서 '돈'의 분배라는 현실 앞에서는 평등과 공평이 엇갈린다. 어떤 사람은 평등을, 다른 어떤 사람은 공평을 주장한다. 평등과 공평의 개념이 완전히 다른데도 자기에게 유리한 쪽으로 주장하기에 그렇다. 한마디로 평등(equality)은 '똑같이'이고 공평(equity)은 '치우치지 않게'이다.

"자식들을 대할 때 평등하게 대해야 할까, 공평하게 대해야 할까?"

이런 질문 앞에서 부모는 그리 심각하게 고민하지 않는다. 그러나 유산 상속 같은 돈과 관련된 분배 앞에서는 자식들이 평등과 공평 두 가지 잣대를 들이댄다.

"다 같은 자식이니까 'n분의 1'로 해야 한다."
이는 평등의 개념으로 접근하는 말이다.

"맏이니까, 아들이니까, 부모를 모셨으니까⋯."
이는 공평의 개념으로 접근하는 말이다.

사회주의자들이 가장 예민하게 받아들였던 이윤의 분배에서도 같은 갈등이 성립된다.

"근로자는 급여를 똑같이 받아야 한다."

"○○ 때문에 더 받아야 한다."

● 평등한 교열 단가, 공평한 교열 단가

이제 필자 본업으로 돌아와 생각해 보기로 한다. 교열하는 사람으로서 교열 비용을 평등하게 책정할 것인지, 공평하게 책정할 것인지 고민할 때가 많다. 교열은 시장에서 물건 팔듯이 한 장에 얼마 또는 한 단어, 한 글자에 얼마라고 책정할 수 없는 특성이 있다. 필자가 다르고 장르가 다르며 문서 품질이 제각각이기 때문이다. 교열하기가 만만치 않아 시간이 많이 걸릴 때도 있고 의외로 쉬워 금방 끝날 때도 있다. 단가를 공평하게 책정해야 하나 고객은 평등하게 책정하기를 원한다.

하는 수 없이 200자 원고지 한 장에 얼마라고 책정할 수밖에 없었다. 원고를 받아들고 교열을 진행하면서 갈등이 생긴다.

'이런 문서는 더 받아야 하는데….'

'이 정도면 너무 많이 받는 건데….'

그러면서 생각하게 되는 것은 '세상에 공평이란 있을 수 없구나' 하는 것이다. 100% 공평은 신의 영역이다. 인간이 100% 공평할 수는 없다. 다만 인간은 할 수 있는 한 공평하게 살아가려고 노력할 뿐이다!

옳음과 바름 사이

·
·
·

● 올바름=옳음+바름

'올바름'은 옳고 바름을 아우르는 말이다.

'옳음'은 사리에 맞고 바름을 뜻하는 말이며 '바름'은 규범이나 사리에 맞음을 뜻하는 말이다. '옳음'의 반대말은 '그름'이며 '바름'의 반대말은 '틀림'이라 할 수 있다.

나는 오랜 세월 교열 일과 함께 살아왔다. 그러나 결코 매달려 살아오진 않았다. 믿거나 말거나 교열 작업은 나에게 언제나 가슴 뛰는 일이기 때문이다. 그렇든 아니든 좋아서 했고 재미있어서 했다. 그렇게 교열 일을 해 오면서 늘 겪는 갈등이 하나 있다. 교열 일을 계속 해야 하나 말아야 하나가 아니다. 교열 일을 때려치울까 말까가 아니다. 다른 일을 찾아갈 것인가 말까도 아니다. 단지 옳음을 지향할 것인지, 바름을 지향할 것인지이다.

옳음과 바름은 같은 의미로 쓰일 수도 있지만 냉정하게 보면 엄연히 다르다. '다르다'와 '틀리다'를 같은 의미로 쓰는 사람이 많음에도 그둘의 의미가 엄연히 다른 것처럼…. 옳음의 판단은 논리나 사리 등 이치가 기준이 되지만 바름의 판단은 규칙이나 이론, 약속 등 규범이 잣대가 된다.

● 옳음과 바름

다소 무리는 있겠지만 외래어 표기를 예로 들어 옳음과 바름의 의미를 되새기려 한다.

몇 년 전 어느 외국인과 통화한 적이 있다. 영어를 잘해서가 아니라 어쩔 수 없는 상황이어서 영어로 대화한 것이다. 대화 중에 '어제 영화를 보았다'라고 이야기하고 싶어 'film'이란 단어를 사용했다. '필름'이라고 정확하게 발음했지만 그 외국인은 전혀 알아듣지 못했다. 그래서 'f_i_l_m'이라고 낱자로 전달하자 바로 확인해 왔다.

"피염?"

내겐 그렇게 들렸다. 그 순간 'milk'의 발음은 '밀크'가 아니라 '미역'이라 한다고 들었던 얘기가 생각났다. 그 후부터 외국인에게 말할 때는 '필름' 대신에 '피염'이란 발음으로 굳혀 사용하게 됐다. 어쩌면 미국인이 'film'을 '피염'으로 하고 'milk'를 '미역'으로 하는 것이 '옳음'에 해당한다고 볼 수 있다. 그들의 대화에서 그렇게 말하니까. 그렇다면 한국인이 외래어표기법이란 규정에 따라 'film'을 '필름', 'milk'를 '밀크'로 표기하는 것은 '바름'이 아니겠는가.

외래어표기법을 썩 좋게 여기지 않는 영어를 전공한 S대학교 J교수가 비교적 외래어표기법에 충실하려고 노력하는 M방송국 K아나운서에게 물었다. 방송하면서 외래어를 발음할 때도 외래어표기법에 따르느냐고…. K아나운서는 현지 발음보다 외래어표기법을 따르는 편이라고 대답했다. 그러자 J교수는 실제 말을 할 때는 외래어표기법이 아니라 현지 발음에 따라야 하지 않으냐고 따지고 들었다. J교수는 '옳음'에, K아나운서는 '바름'에 날을 세우고 있었던 것이다.

진도 사람은 절대로 '진돗개'로 쓰지 않는다. 표준국어대사전에 '진돗개'가 표준어로 올라 있건 말건 그들은 개의치 않는다. '진도개페스티벌', '진도개의 날', '진도개 공연'처럼 진도 사람이 '진도의 개'를 '진도개'라 하는 것은 어쩌면 옳음에 해당할 수도 있다. 그러나 타지 사람들은 표준국어대사전에 표준어로 올라 있는 '진돗개'ⓐ를 바름으로 인정하고 그렇게 쓴다. 그렇게 써야 한다. 그게 바름이기 때문이다.

경기도 안성 사람들은 '안성마춤'이라 쓴다. 이 경우는 진돗개/진도개의 경우와 다르다. 일단 '마춤'이란 단어를 쓰는 것은 옳음도 바름도 아니다. 비표준 표현일 뿐이다. '안성마춤'은 그름이며 틀림이다. '안성맞춤'이 옳음이며 바름이다.

한 가지만 더 예를 들어 본다.

청서(靑鼠, 다람쥣과 동물)를 '청설모'라고 하는 사람이 많다. 그렇다 보니 표준국어대사전에서도 표제어 청설모의 뜻풀이에서 '＝청서'라고 적고 있다. 청설모[靑鼠毛]ⓑ는 원래 청서의 '털'을 가리키는 말이다.

ⓐ 표준국어대사전에는 표제어 '진돗개'에서 '개의 한 품종. 몸은 누런 갈색 또는 흰색이며, 귀는 뾰족하게 서고 꼬리는 왼쪽으로 말린다. 전남 진도에서 나는 우리나라 특산종이다. 천연기념물 제53호'로 올라 있다. '진도개'는 표제어로 올라 있지 않다.

ⓑ 청설모는 '청서모(靑鼠毛)'의 변한말이다. 표준어규정에 따르면 변한말을 표준어로 삼는다.

그게 옳음이다. 그런데 많은 사람이 청서를 보고 "청설모, 청설모" 하게 되면서 '청설모=청서'도 바름이 된 것이다. 이 경우 교열사는 '청설모는 동물의 털을 가리키는 말이지 동물을 가리키는 말이 아니다'라는 옳음보다 '청설모는 청서와 같은 말로도 쓰인다'라는 바름에 손을 들어줘야 한다. 이건 '무식'으로 치부할 일이 아니다.

● 틀림에 익숙하면 바름이 틀림으로 보인다

아래 문장은 교열 과정에서 실제로 접한 문장이다. 고유명사나 체언만 조금 바꾸었다.

1) 진료비에 대한 지원에 대해 전혀 기대할 수 없었던 A집단의 일부는 진료비에 대한 부담 자체를 느끼지 않았다고 진술하기도 했다.

2) 저임금에 항의하는 목소리를 높이는 근로자의 수가 증가하고 있어 연말에 회사 경영진은 파격적으로 상여금을 인상해 지급하기로 했다.

3) 정부는 사회복지정책 수립을 통해 늘어나는 고령층과 경력단절 여성을 돕기 위한 지원을 하기로 했다.

이들 세 문장이 자연스럽게 보이는가. 그렇다면 이미 그름에 익숙해 있다는 증거이다. 뭔가 이상하게 보이는가. 그렇다면 다행이다. 이들 문장에서 틀림과 그름을 발견한 것이다.

그렇다면 다시 아래 문장을 살펴보라.

4) 진료비 지원을 전혀 기대할 수 없었던 A집단의 일부는 진료비 자체에 부담을 느끼지 않았다고 진술하기도 했다.

5) 저임금에 항의하는 목소리를 높이는 근로자가 많아지자 회사 경영진은 연말 상여금을 파격적으로 인상해 지급하기로 했다.

6) 정부는 사회복지정책을 수립해 늘어나는 고령층과 경력단절 여성을 지원하기로 했다.

예시로 든 문장 1), 2), 3)보다 4), 5), 6)이 자연스럽게 읽힌다면 그나마 다행이다. 아직 희망이 있다는 증거이다. 그러나 문장 1), 2), 3)보다 4), 5), 6)이 더 어색하다거나 굳이 그렇게 바꿀 필요가 없다고 생각한다면 분명히 문제가 있다. 그야말로 틀림과 그름에 깊이 익숙해 있다는 증거이기 때문이다.

다시 한 번 한 문장씩 가까이 두고 비교하면서 살펴보라.

7) 진료비에 대한 지원에 대해 전혀 기대할 수 없었던 A집단의 일부는 진료비에 대한 부담 자체를 느끼지 않았다고 진술하기도 했다.
8) 진료비 지원을 전혀 기대할 수 없었던 A집단의 일부는 진료비 자체에 부담을 느끼지 않았다고 진술하기도 했다.

9) 저임금에 항의하는 목소리를 높이는 근로자의 수가 증가하고 있어 연말에 회사 경영진은 파격적으로 상여금을 인상해 지급하기로 했다.
10) 저임금에 항의하는 목소리를 높이는 근로자가 많아지자 회사 경영진은 연말 상여금을 파격적으로 인상해 지급하기로 했다.

11) 정부는 사회복지정책 수립을 통해 늘어나는 고령층과 경력단절 여성을 돕기 위한 지원을 하기로 했다.

12) 정부는 사회복지정책을 수립해 늘어나는 고령층과 경력단절 여성을 지원하기로 했다.

이제 예시문 1), 2), 3)에서 그름과 틀림이 확연히 보일 것이다.

● 글쓰기 교육 미필

매년 8월을 지나면서 대학입시 시즌을 대비한 움직임이 감지된다. 바로 수시전형에 응시하려는 수험생들의 자기소개서(자소서) 열풍이다. 다년간 수없이 많은 학생을 대상으로 자소서 쓰기 컨설팅을 진행해 왔다. 그 경험에서 알게 된 한 가지 문제가 있다. 바로 제도권 교육 현장에서는 글쓰기 교육이 제대로 이뤄지지 않고 있다는 점이다.

만일 스스로 틀림과 그름에 익숙해 있지 않다고 생각하는데도 옳은 표현과 그른 표현, 바른 표현과 틀린 표현의 구분이 쉽지 않다면 바로 이 문제, 즉 글쓰기 교육 경험 부재에서 왔다고 봐야 할 것이다. 다시 말해 '글쓰기 교육 미필'이라는 딱지를 소지하고 있다는 것이다.

교열사는 올바름을 지향한다. 교열이란 잘못된 것을 바로잡아 고치는 일을 가리킨다. 잘못된 것을 잘되게 하는 것이다. 잘못된 것을 바로잡는 것이란 잘되게 하는 것이며 잘되게 하는 것이란 옳게 하고 바르게 하는 것이다. 올바르게 한다는 의미이다. 글을 쓴 이가 바름과 옳음을 지향하도록 돕는 역할은 교열사의 몫이다.

그런데 가끔 옳음과 바름이 상충하는 경우가 있다. 그때 필자나 번역사가 옳음만 고집하게 되면 바름을 제안하는 교열사는 난감해진다. 그렇다 해도 방법이 없는 것은 아니다. 옳음과 바름 두 가지를 제시하고 교열사는 빠진다. 필자에게 선택의 공을 돌리는 것이다. 바름을 선택하길 바라면서…. 지금까지 경험에 비춰 보면 결과는 반반이다.

어느 건축회사의 사사(社史)를 교열한 적이 있다. 그때 그 문서에 많이 쓰인 용어 중 하나가 바로 이 상황으로 몰아갔다. 문제가 된 단어가 다름 아닌 아파트 단지의 '입주자'를 세는 단위인 '세대'였다. 사사니까 건축 당시 기록에는 '세대'로 썼을 테니 당연히 옳음이겠지만 그 후 순화해 쓰게 된 용어인 '가구'가 바름이다. 더욱이 한 문서에 세대와 가구가 섞여 있었다. 나는 바름의 시각으로 '가구'로 통일해야 한다고 판단하고 의사를 타진해 보았다. 아니나 다를까. '세대'로 쓰겠다는 일방적인 통보를 받았다. 이럴 때 교열사는 '가구'가 바름이라고 제시한 것으로 사명을 다한 것이다. [HPI]

표준 교정기호

.
.
.

● 교열 면허증

지금 생각하면 교직 생활을 10년도 못 채우고 떠난 용기가 어디서 나왔는지 스스로도 궁금하다. 퇴직 후 맞는 앞날에 자신만만했든지 아니면 '철밥통'을 함부로 버린 바보 같았든지 둘 중 하나였을 것이다. 아무튼 교직을 떠나 잠시 몇 년간 몸을 맡긴 곳이 자동차 부품 제조 공장이었다.

그 당시 공장 안에서는 요란한 굉음과 함께 바닥까지 흔드는 프레스 작업과 불꽃이 사방에 튀고 연기 자욱한 용접 작업이 대부분이었다. 금형을 장착한 프레스는 무려 5~10t의 헤드 압력으로 내려치면서 철판을 잘라 내거나(cutting) 구부리고(bending) 구멍을 내기도(piercing) 하며 말기도(curling) 한다. 만약 금형 사이에 손이라도 들어가게 되면 상상하기조차 싫은 처참한 일이 벌어진다. 그런 사고를 현장에서 목격하기도 했고 직원 채용 면접 때 이미 사고를 겪은 사람을 많이 보았다. 그런데 그들은 손가락이 절단된 손을 내밀며 '프레스 면허증'이라고 태연히 말했다.

동아일보에서 퇴직 후 어느 작은 신문사에 한두 해 교열로 도운 적이 있다. 첫날 수작업으로 교열하고 있는데 연세 많으신 분이 들어오셔서 등 뒤에서 한참 보시더니 혼잣말처럼 한마디 툭 던지셨다. "돼지꼬리 하나는 참 잘 그리네!" 그 신문사의 편집주간(executive editor)이던 그분은 그렇게 칭찬으로 맞아주셨다. 그 후 필자는 돼지꼬리(교정기호 '빼기') 그리는 솜씨를 '교열 면허증'처럼 여기게 됐다.

● 표준 교정기호(KS A 0104)

요즘의 교열은 거의 PC에서 이루어지기에 굳이 교정기호를 사용할 기회가 거의 없지만 PDF파일로 받은 편집본은 수작업으로 교열을 진행하는 것이 용이하다. 필자는 지난해까지만 해도 PDF편집본을 받으면 프린트해서 수작업으로 교열한 뒤 다시 스캔해서 보내곤 했다. 그러나 최근 태블릿PC(아이패드)를 구입한 이후부터는 터치펜(애플펜슬)으로 교정기호를 사용해 교열하고 있다. '돼지꼬리'를 열심히 그리고 있다는 말이다.

아무튼 교열사는 교정기호를 모두 알고 정확히 사용할 줄 알아야 한다. 그래야 교열사의 교열 흔적을 보는 편집자도 정확하게 수정할 수 있기 때문이다. 표준 교정기호는 한국표준협회의 'KS 표준 교정기호(KS A 0104)'를 사용하는 것이 바람직하다. '한국표준정보망'ⓒ에서 유료

ⓒ www.kssn.net/search/stddetail.do?itemNo=K001010111145)

로 공급하지만 그리 부담되지 않는 비용으로 내려받을 수 있다. KS 표준 교정기호 중에서 교열에서 필요한 것만 추려 실었다. 또 이 글 서두에 기술한 내용을 자료로 삼아 실제 수작업으로 진행한 교열 예시는 다음 글에서 제시할 것이다.

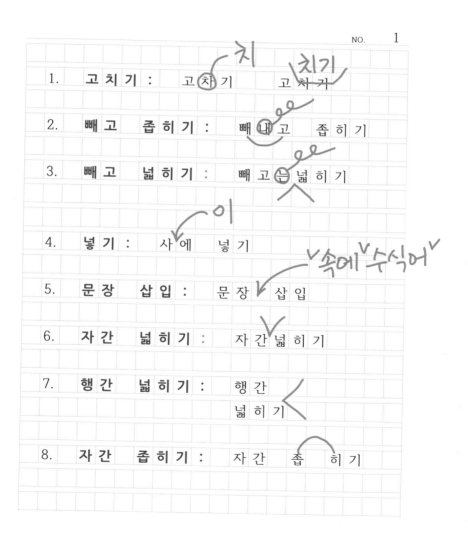

9. **행간 좁히기** : 행간

좁히기

10 . **다음 줄로** : 다음 줄로

11 . **앞줄로** : 앞 줄로

12 . **잇기** : 잇

기

13 . **별행으로** : 했다. 별행으로

14 . **순서 바꾸기** : 서순 바꾸기

바꾸기

순서

15 . **옮기기 (앞으로)** : 옮기기

옮기기 (뒤로) : 옮기기

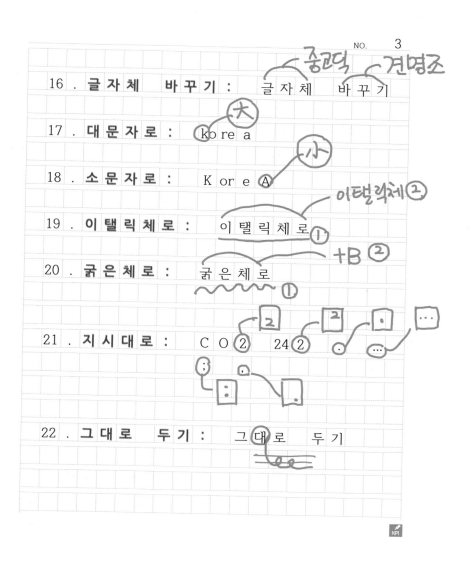

16 . **글 자 체   바 꾸 기** :   글 자 체   바 꾸 기

17 . **대 문 자 로** :   ko re a

18 . **소 문 자 로** :   K or e A

19 . **이 탤 릭 체 로** :   이 탤 릭 체 로

20 . **굵 은 체 로** :   굵 은 체 로

21 . **지 시 대 로** :   C O 2   24 2

22 . **그 대 로   두 기** :   그 대 로   두 기

1) **속독해**가 가능해진다.
2) 다양한 **정보 습득**이 가능하다.
3) **몰입도**가 극대화한다.

　교열이란 일을 오래 하다 보면 이 같은 장점이 있다는 점을 깨닫게 된다. 속독해가 전제되지 않으면 완벽한 교열은 불가능하다. 빠르게 읽고 빠르게 이해하는 것이 교열사의 첫 번째 무기이다. 다양한 정보, 그것도 최신 정보를 습득하는 데는 교열보다 더 나은 방법은 찾기 힘들 것이다. 일반적으로 말하는 독서를 능가하는 효과를 볼 수 있다. 또 문서에 몰입하지 않으면 교열을 할 수 없고 교열을 하게 되면 문서에 몰입할 수밖에 없다. 몰입도가 높아지면서 다른 학습에서도 성취도가 매우 높아진다. 이 세 가지 교열 장점 외에 수익이 발생하는 부분은 덤이다.

　일상적으로 교열하는 교열사나 교열기자 같은 이들은 PC로 교열하든 교정기호를 사용해 손으로 교열하든 그리 문제 되지 않지만 작가나 편집자들이라면 교정기호 사용법뿐만 아니라 워드에서 하는 교열 방법까지도 익혀 두면 도움이 될 것이다. '손 교열'⑦과 'PC 교열'ⓛ 두 가지

방법으로 교열한 예시를 들었다.

● [원문]

> 　지금 생각하면 교지 생활을 10년도 못 채우고 떠난 용기가 어디서 나와느지 스스로도 궁금하다. 퇴직 후 맞는 앞날에 자신만만했든지 아니면 '철밥통'을 함부러버린 바보 같았든지 둘 중 하나였을 것이다. 아무튼 교직을 떠나 몸을 맡긴곳이 자동차 부품 제조 공장이었다.
> 　그 당시 공장 안에서는 요란한 굉음에 바닥까지 흔드는 프레스 작업과 불꽃이 사방에 튀고 연기 자욱한 용접 작업이 대부분이었다. 금형을 장 착한 헤드가 1~10t 압력으로 내려치면서 철판을 잘라 내거나(cutting) 구부리고(bending) 구멍을 내기도 하며(piercing) 말아내기도(curling) 한다. 만약 금형 사이에 손이라도 들어가게 되면 상상하기조차 싫은 처참한 일이 벌어진다. 그런 사고를 현장에서 목격하기도 했고 직원 채용 면접 때 이미 사고를 겪은 사람을 많이 보았다. 그런데 그들은 손가락이 절단된 손을 내밀며 '프레스 면허증'이라고 태연히 말했다. 동아일보에서 퇴직 후 어느 작은 신문사에 교열로 한두 해 도운 적이 있다. 첫날 수작업으로

㉠ 손 교열: 주로 PDF 파일이나 파워포인트(PPT) 파일을 프린트해서 펜으로 교열하거나 태블릿 PC에서 터치펜으로 교열하는 방법이다.
㉡ PC 교열: 흔글 파일이나 MS워드, 드물게는 엑셀파일을 PC에서 교열하는 방법이다. 흔글이나 MS워드 파일에서는 '검토' 기능으로 변경 내용 추적이 가능하다는 장점이 있다.

교열하고 있는데 연세 많으신 분이 들어오시더니 등 위에서 한참 보시더니 혼잣말처럼 한마디 툭 던지셨다. "돼지꼬리 참 잘 그리네!" 그분은 그렇게 칭찬으로 맞아주셨다. 그분이 그 신문사의 편집주간(Executive editor)이셨다.그 후 필자는 돼지꼬리(빼기 기호) 그리는 솜씨를 '교열 면허증'처럼 여기게 됐다.

지금 생각하면 교직 생활을 10년도 못 채우고 떠난 용기가 어디서 나왔는지 스스로도 궁금하다. 퇴직 후 맞는 앞날에 자신만만 했든지 아니면 '철밥통'을 함부로 버린 바보 같았든지 둘 중 하나였을 것이다. 아무튼 교직을 떠나 몸을 맡긴 곳이 자동차 부품 제조 공장이었다.

그 당시 공장 안에서는 요란한 굉음에 바닥까지 흔드는 프레스 작업과 불꽃이 사방에 튀고 연기 자욱한 용접 작업이 대부분이었다. 금형을 장착한 헤드가 1~10t 압력으로 내려치면서 철판을 잘라 내거나(cutting) 구부리고(bending) 구멍을 내기도 하며(piercing) 말아내기도(curling) 한다. 만약 금형 사이에 손이라도 들어가게 되면 상상하기조차 싫은 처참한 일이 벌어진다. 그런 사고를 현장에서 목격하기도 했고 직원 채용 면접 때 이미 사고를 겪은 사람을 많이 보았다. 그런데 그들은 손가락이 절단된 손을 내밀며 '프레스 면허증'이라고 태연히 말했다. 동아일보에서 퇴직 후 어느 작은 신문사에 교열로 한두 해 도운 적이 있다. 첫날 수작업으로 교열하고 있는데 연세 많으신 분이 들어오시더니 등 앞에서 한참 보시더니 혼잣말처럼 한마디 툭 던지셨다. "돼지꼬리 참 잘 그리네!" 그분은 그렇게 칭찬으로 맞아주셨다. 그분이 그 신문사의 편집주간(Executive editor)이셨다. 그 후 필자는 돼지꼬리(빼기 기호) 그리는 솜씨를 '교열 면허증'처럼 여기게 됐다.

● [PC 교열 예시]

지금 생각하면 교직자 생활을 10년도 못 채우고 떠난 용기가 어디서 나왔는와는지 스스로도 궁금하다. 퇴직 후 맞는 앞날에 자신만만했든지 아니면 '철밥통'을 함부로러 버린 바보 같았든지 둘 중 하나였을 것이다. 아무튼 교직을 떠나 잠시 몇 년간 몸을 맡긴 곳이 자동차 부품 제조_
공장이었다.
그 당시 공장 안에서는 요란한 굉음에 바닥까지 흔드는 프레스 작

업과 불꽃이 사방에 튀고 연기 자욱한 용접 작업이 대부분이었다. 금형을 장_착한 헤드가 1~10t 압력으로 내려치면서 철판을 잘라내거나(cutting) 구부리고(bending) 구멍을 내기도 하며(piercing) 말아내기도(curling) 한다. 만약 금형 사이에 손이라도 들어가게 되면 상상하기조차 싫은 처참한 일이 벌어진다. 그런 사고를 현장

에서 목격하기도 했고 직원 채용 면접 때 이미 사고를 겪은 사람을 많이 보았다. 그런데 그들은 손가락이 절단된 손을 내밀며 '프레스 면허증'이라고 태연히 말했다. 동아일보에서 퇴직 후 어느 작은 신문사에 <u>한두 해</u> 교열로 ~~한두 해~~ 도운 적이 있다. 첫날 수작업으로 교열하고 있는데 연세 많으신 분이 들어오<u>셔서</u>~~시더니~~ 등 <u>뒤</u>~~위~~에서 한참 보시더니 혼잣말처럼 한마디 툭 던지셨다. —"돼지꼬리 참 잘 그리네!" 그분은 그렇게 칭찬으로 맞아주셨다. 그분이 그 신문사의 편집주간(e<u>E</u>xecutive editor)이셨다. 그 후 필자는 돼지꼬리(빼기 기호) 그리는 솜씨를 '교열 면허증'처럼 여기게 됐다.

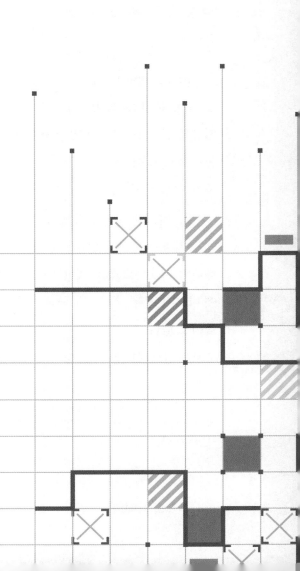

제2부

• • •

두 얼굴

:
:
:

● 중학생인 우리는 데모했다

매년 4월 4일이면 어린 시절 겪었던 사건 하나가 '아담의 사과(Adam's Apple)'처럼 목에 걸린다. 중학교 2학년 때 감히 '데모'[①]라는 걸 흉내 내 본 것이다. 겁도 없이…. 딱히 뭣 때문에 그랬는지 아직도 이유를 잘 모르겠다. 굳이 이유를 들라면 딱 하나, 선생님들이 마음에 들지 않았기 때문이었을 것이다. 뚜렷하게 남은 그 당시 기억이라면 그 사건 이후 선생님들께 죽도록 두들겨 맞은 일밖에 없다.

어느 날 오후에 이른바 반에서 '논다'는 친구 몇 명과 함께 교사 뒤편에 옹기종기 모여 선생님들을 성토하기 시작했다. 말이 성토이지 욕을 해대며 시쳇말로 씹고 또 씹는 것이었다. 그날 성토 결론은 '내일 학교에 나오지 말자', 즉 '집단 등교 거부'를 결의한 것이다. 중학교 2학년생들이 그랬다.

이튿날 남녀공학이었기에 남자애들만 따로 모여 거사(?)를 구체화

[①] 데모(demo): 많은 사람이 공공연하게 의사를 표시하여 집회나 행진을 하며 위력을 나타내는 일.=시위운동.

한 뒤 그다음 날 학교에 가지 않고 따로 모일 장소까지 정해두고 헤어졌다. 가슴이 콩닥거리며 불안하고 무서웠던 밤이 지나고 날이 밝자 학교로 출발했다. '설마' 하는 마음으로 학교를 향해 걸었다. 아니나 다를까. 학교 부근에 도착했을 때 저 멀리 강 건너 산중턱에서는 이미 친구들이 옹기종기 모여 학교 선생님들이 다 들을 수 있도록 노래를 목청껏 불러대고 있었다. 그때 필자는 친구들과 합류해야 한다는 정의감에 교문 옆길로 빠져 친구들에게 달려갔다. 그날 한 친구가 그랬다. 흡사 동독을 탈출하는 사람 같았다고….

노래를 부르고 부르다 지치자 무작정 몰려 걷기 시작했다. 걷다 보니 멀리 이웃 마을 중학교까지 가버렸다. 처음 만나는 그 학교 친구들은 우리가 학교를 떠나 '데모(시위)' 중이라는 말에 쉽게 공감하는 듯 선뜻 배구 경기를 제안했다. 찐빵을 걸고…. 이어 추억의 간식 찐빵을 배불리 먹으며 떠들다 하루를 그렇게 보냈다. 그런데 그다음 날 구체적인 대책을 세우지도 못하고 다만 학교 앞 제방 뒤편에서 만나자는 약속만 한 채 뿔뿔이 집으로 흩어졌다.

다음 날 학교 부근의 제방 뒤편에서 만나 대책 없이 서성이고들 있는데 선생님 한 분이 다가오셨다. 아주 인자한 표정으로, 아무 문제도 없다는 듯 편하게 말씀하셨다. "얘들아, 이제 들어가자. 괜찮아. 다 잊고 다시 공부하면 돼. 알았지?" 우리 모두 그 말에 속았다는 걸 확인하는 데는 그리 오랜 시간이 걸리지 않았다.

학교 울타리 안으로 들어서는 순간 선생님들이 합세해 우리를 교실로 몰아넣었다. 모든 선생님이 분에 못 이기는 듯 험악한 표정으로 다가

왔다. 조금 전 그 인자하시던 선생님이 다가와 "얘들아" 하고 다정하게 불렀던 그 목소리는 온데간데없이 다짜고짜 한 말씀 거하게 하셨다. "야 이 자슥들아. 니들 다 죽고 싶나? 이 자슥들이 미쳤나?"

첫 시간 종이 울리고 담임 선생님이 들어오셨다. 한동안 두 손으로 교탁 양 모서리를 잡은 채 고개를 푹 숙이고 말없이 계시다가 갑자기 고개를 들고 우리를 무섭게 노려보셨다. "실장, 이리 나와!"[⊙] 교탁 앞에 서자마자 선생님의 큼직한 손바닥이 **여지없이** 양 볼을 강타했다. 미처 피할 **여지 없이** 강한 충격에 교실 바닥으로 나동그라졌다.

그다음 시간에 들어오신 영어 선생님 역시 **여지없이** 고함치신다. "실장, 나와!" 태어나서 그날 처음이자 마지막으로 따귀를 연거푸 맞고, 다리를 연거푸 차였다. 그렇게 피할 **여지 없이** 데모의 대가를 톡톡히 치렀다. 요즘 같았으면 동영상 찍고, 신고하고, 조사받고 난리도 아니었을 텐데 말이다. 퇴학을 열 번 당해도 싼 일인데도 정학도 퇴학도 없이 반성문만 제출하는 것으로 그 사건은 마무리됐다.

그때 그 두 분 선생님이 친구들 앞에서 '실장'을 강하게 체벌하신 것은 그 '실장'을 보호하고 끝까지 학업을 마칠 수 있게 해 주시려는 극단의 방편이었다. 먼 후일 교사가 되어 중학생들 앞에 선 그때에야 알아차렸다. 많이 늦었지만 이제 고개 숙여 그때 두 분 선생님께 용서를 구하고 감사를 드린다.

이제 팁을 드린다. 이미 눈치챘겠지만…. **'여지없이'**가 부사로 쓰일

⊙ 그때는 반장이 아니라 실장이라고 했다.

때는 붙여 쓰면 된다. 이때 부사는 앞말에 간섭받지 않고 뒤따르는 용언을 수식하는(꾸미는) 임무를 수행한다.

1) 그는 이 시간만 되면 **여지없이** 등장한다.

그러나 앞에 간섭하는(꾸며 주는) 관형어가 오게 되면 이 관형어는 명사 '여지'를 꾸미게 되고 명사 '여지'는 뒤따르는 용언 '없이'와 어울리며 띄어 쓰인다.

2) 그는 의심할 **여지 없이** 나의 멘토이다.

그런데 워드 프로그램(ᄒᆞᆫ글)에서는 이를 구분하지 못하는 것 같다. '여지 없이'로 띄어 쓰면 빨간 줄이 보이며 마우스를 대고 클릭하면 여지없이 '여지없이'로 붙여 쓰라고 제안한다.

같이/같은

．
．
．

교열하다 보면 종종 필자들이 '같이'와 '같은'의 띄어쓰기에서 혼란을 겪는 경우를 많이 발견한다. 그중에서도 유독 '이같이'와 '이∨같은'의 띄어쓰기 오류가 특히 눈에 많이 띈다. 결론부터 먼저 말하면 '이⌒같이'는 붙여 써야 하고 '이∨같은'은 띄어 써야 한다.

● '∨같은'은 웬만하면 띄어 쓰라!

'같은'은 대부분 앞말과 띄어 쓰면 된다. 앞말과 붙여 쓰는 경우가 있기는 하다. 바로 '꿈같다'나 '똑같다'처럼 '어근-같다' 형태의 합성어인 경우는 '꿈같은', '똑같은'처럼 붙여 써야 한다.

일상에서 많이 쓰이는 몇 가지를 예로 들면 다음과 같다.

감쪽같은 속임수, 꿈같은 시간, 굴뚝같은 마음, 귀신같은 솜씨, 금쪽같은 내 새끼, 똑같은 인간, 불같은 성격, 실낱같은 희망, 쏜살같은 도주, 주옥같은 글, 추상같은 명령, 한결같은 사랑

합성어로 붙여 쓰이는 경우가 아니면 모두 띄어 쓰면 된다. '같은'을

형태소[㉠]로 분석해 보면 형용사 '같다'의 어간 '같-'에 관형사를 만드는 전성어미 '-은'이 붙은 형태로 관형사 기능을 한다. 그래서 관형사형[㉡]으로 불린다. 문장성분으로 보면 관형어이므로 선행하는 체언과 띄어 써야 맞는 표현이 된다.

1) 나이가 같다. → 나이가 **같은** 사람이다.
2) 이(와) 같다. → **이∨같은** 사실을 가리키는 것이다.
3) 사람(과) 같다. → **사람∨같은** 사람.

● '같이'는 체언[㉢] 바로 뒤에서만 붙여 쓰라!

'같이'는 조사이므로 선행하는 단어에 붙여 쓰면 된다. 단, 부사로 쓰이는 '같이'와 구별할 수 있으면 된다. 부사로 쓰이는 예는 아래와 같다.

4) 이번에는 **모두∨같이** 이동하도록 합시다. (부사/ =모두 함께)
5) 이번에는 **나와∨같이** 이동하도록 합시다. (부사/ =나와 함께)
6) 이번에는 **나와∨같이** 해 보세요. (부사/ =나처럼)

㉠ 형태소(形態素): 뜻을 가진 가장 작은 말의 단위. 의존성에 따라 자립형태소와 의존형태소, 의미 유무에 따라 실질형태소와 형식(문법)형태소로 구분된다.
㉡ 관형사형: 용언(동사와 형용사) 어간에 전성어미가 붙어 관형사 역할을 하는 단어를 가리킨다. 예를 들면 동사 '가다'의 어간 '가-'에 전성어미 '-는'이 붙으면 '가는'이라는 관형사형이 된다.
㉢ 국어의 9품사 중 '명사'와 '대명사', '수사'를 통틀어 체언이라 부른다.

'같이'가 '함께'라는 의미로 쓰일 때나 조사를 동반한 '처럼'이란 의미의 부사로 쓰일 때는 띄어 쓰면 된다. 그러나 체언에 바로 따라 나오는 '같이'는 조사이므로 붙여 써야 한다. 따라서 '같이'를 붙여 쓰는 경우는 조사 '처럼'과 같은 의미로 쓰인다고 보면 된다.

> 7) 이와∨같이(부사)
>   → 이같이(조사)
> 8) 거울과∨같이(부사)
>   → 거울같이(조사)
> 9) 그림과∨같이(부사)
>   → 그림같이(조사)
> 10) 제발 사람과∨같이 좀 살아. (부사)
>   → 제발 사람같이 좀 살아. (조사)
> 11) 너와∨같이 그렇게 살면 안 되잖아. (부사)
>   → 너같이 그렇게 살면 안 되잖아. (조사)
> 12) 저분과∨같이 좀 살아 봐!(부사)
>   → 저분같이 좀 살아 봐!(조사)

이것만은 꼭 기억하자!
'이⌒같이'는 붙여 쓰고 '이∨같은'은 띄어 쓴다. 🖎

함께하다/함께∨하다

.
.
.

'같이하다'와 '함께하다'는 같은 의미로 쓰이는 파생어[ㄱ]이다. 문제는 무조건 붙여 쓸 수 없다는 데 있다. 다음 예문을 살펴보면서 구분해 보기로 한다.

1) 우리는 일생을 **같이하는** 인생의 동반자이다.

    =우리는 일생을 **함께하는** 인생의 동반자이다.

2) 우리는 언제나 집안일을 **같이∨하고** 있다.

    =우리는 언제나 집안일을 **함께∨하고** 있다.

3) 우리는 어려운 시절에도 뜻을 **같이하고** 살아왔다.

    =우리는 어려운 시절에도 뜻을 **함께하며** 살아왔다.

4) 우리는 어려운 시절에도 경제활동을 **같이∨하며** 살아왔다.

    =우리는 어려운 시절에도 경제활동을 **함께∨하며** 살아왔다.

위의 예문 1)과 2)에서 단어(같이)의 위치를 바꾸거나 단어를 빼 보

[ㄱ] 파생어: 단어가 결합하면 복합어가 되는데 실질형태소(어근)와 접사(접두사와 접미사)가 결합된 복합어를 '파생어'라고 한다. '함께하다'는 함께(실질형태소)+하다(접미사) 형식의 파생어이다.

면 5), 6)과 같은 현상이 나타난다.

> 5) 우리는 일생을 **같이하는** 인생의 동반자이다.
> ㉠ 우리는 **같이** 일생을 **하는** 인생의 동반자이다.(×)
> ㉡ 우리는 일생을 **하는** 인생의 동반자이다.(×)

> 6) 우리는 언제나 집안일을 **같이∨하고** 있다.
> ㉠ 우리는 언제나 **같이** 집안일을 **하고** 있다.(○)
> ㉡ 우리는 언제나 집안일을 **하고** 있다.(○)

그렇다! 예문 5)의 ㉠과 ㉡처럼 '같이'의 위치를 바꾸거나 없앴을 때 어색하면 붙여 쓴다. 그러나 예문 6)의 ㉠과 ㉡처럼 '같이'의 위치를 바꾸거나 없앴을 때 어색하지 않으면 띄어 쓴다. 아래 예문 7)과 8)에서도 마찬가지 현상이 나타난다.

> 7) 우리는 어려운 시절에도 뜻을 **같이하고** 살아왔다.
> ㉠우리는 어려운 시절에도 **같이** 뜻을 **하고** 살아왔다. (×)
> ㉡우리는 어려운 시절에도 뜻을 **하고** 살아왔다. (×)

> 8) 우리는 어려운 시절에도 경제 활동을 **같이∨하며** 살아왔다.
> ㉠우리는 어려운 시절에도 **같이** 경제활동을 **하며** 살아왔다. (○)
> ㉡우리는 어려운 시절에도 경제활동을 **하며** 살아왔다. (○)

교열하다 보면 '같이'와 '함께'의 띄어쓰기 오류가 의외로 많이 발견된다. 어려워서가 아니라 가벼운 원칙을 이해하지 못하기 때문일 것으로 판단한다. 독자께서 아래 문장에서 띄어 써야 하는 문장을 직접 찾아보기 바란다.

9) 공부할 때는 친구와 늘 **함께했다**.
10) 오랜만에 친구를 만나 식사를 **함께했다**.
11) 대학 합격의 기쁨을 부모님과 **함께했다**.
12) 내 친구들은 대학 동기들의 길흉사에 늘 **같이해** 왔다
13) 내 아내는 때마다 설거지를 **같이하자**고 요구한다.
14) 어느 날 지인이 찾아와 사업을 **같이하자**고 했다.

정답은 아래와 같다. 스스로 맞춰 보기 바란다.

10) 오랜만에 친구를 만나 식사를 **함께∨했다**.
13) 내 아내는 때마다 설거지를 **같이∨하자**고 요구한다.
14) 어느 날 지인이 찾아와 사업을 **같이∨하자**고 했다.

태울∨거리/땔거리

.
.
.

1) '조사와 접사, 어미는 붙여 쓴다.'
2) '의존명사는 띄어 쓴다.'

이 두 가지는 띄어쓰기의 기본 규칙이다. 그런데 띄어 써야 하는 의존명사가 '가끔은' 앞말에 붙여 쓰이기도 한다. 그래서 띄어쓰기가 어렵고 복잡하다고들 하는가 보다.

● 붙여 쓰이는 의존명사 '이, 녘, 거리'

의존명사는 말 그대로 자립적이지 않고 의존적이다. 의미가 '형식적'이어서 다른 말에 '기대어' 쓰이는 명사라는 말이다. 의존명사가 '기대는 다른 말'은 어미의 끝 받침이 주로 'ㄴ' 아니면 'ㄹ'인 '관형어'[○]가 대부분이다. 아래 예시로 든 문장을 비교하며 살펴보자.

3) 저기 오는∨**이**가 누구지?
4) 늙은**이** 잘못하면 노망으로 치고 젊은**이** 잘못하면 철없다 한다.

○ 관형사는 품사이고 관형어는 문장성분이다.

5) 그 작업은 동틀∨녘에야 마무리되었다.
6) 밤새 뒤척이다 새벽녘에 겨우 잠들었다.

7) 싸우고 싶어도 싸울∨거리가 있어야 싸우지.
8) 이번 행사에는 먹거리 장터가 열린다고 한다.

예문에 나오는 '이', '녘', '거리' 모두 품사로 보면 의존명사이다. 띄어 써야 할 의존명사가 경우에 따라 합성어로 구성돼 붙여 쓰이는 경우가 있다. 젊은이, 동녘, 간식거리처럼 관형어나 체언 뒤에 붙여 쓰인다.

● 의존명사 '거리'

붙여 쓰이는 의존명사 중에서 '거리'를 살펴보려고 한다. 의존명사 '거리'는 용언의 어간이나 관형어 뒤에서 붙여 쓰이기도 한다. 먹거리(어간+거리), 땔거리, 먹을거리, 볼거리, 쓸거리, 읽을거리(이상 관형어+거리)처럼 붙여 쓰인다.

의존명사 '거리'는 앞말과 결합할 때 [꺼리]로 된소리가 나면 사이시옷을 넣어 쓴다. 몇 가지 예를 들면 다음과 같다.

골칫거리, 기삿거리, 김칫거리, 꾸밋거리, 끼닛거리, 놀잇거리, 눈요깃거리, 땟거리, 뜨갯거리, 문젯거리, 벌잇거리, 비솟거리, 시빗거리, 안줏거리, 얘깃거리, 요깃거리, 우셋거리, 이야깃거리, 재밋거리, 증것거리, 치렛거리, 핑곗거리, 화젯거리, 흥밋거리

표준국어대사전에 표제어로 올라 있는 의존명사 '거리'와 결합한 합성어도 뽑아 정리해 보았다.

간식거리, 걱정거리, 고민거리, 골칫거리, 관심거리, 구경거리, 국거리, 근심거리, 글거리, 기삿거리, 김장거리, 김칫거리, 꾸밋거리, 끼닛거리, 나물거리, 논란거리, 놀림거리, 놀잇거리, 눈요깃거리, 뉴스거리, 돈거리, 두통거리, 땔거리, 땟거리, 뜨갯거리, 말거리, 말썽거리, 망신거리, 먹거리, 먹을거리, 명정거리, 문젯거리, 밑거리, 바느질거리, 반찬거리, 밤참거리, 밥거리, 벌잇거리, 볼거리, 부업거리, 부탁거리, 비숫거리, 소일거리, 시빗거리, 쓸거리, 아침거리, 안줏거리, 암죽거리, 양념거리, 양식거리, 얘깃거리, 요깃거리, 우셋거리, 웃음거리, 위안거리, 이야깃거리, 일거리, 읽을거리, 자랑거리, 잡담거리, 장거리, 재밋거리, 저녁거리, 전당거리, 점심거리, 조롱거리, 조석거리, 주목거리, 증것거리, 찬거리, 치렛거리, 치장거리, 탕거리, 트집거리, 파적거리, 핑곗거리, 해장거리, 화근거리, 화젯거리, 후환거리, 흥밋거리, 흥정거리

● 접미사 '-거리'

한편 '거리'가 모두 의존명사로만 기능하는 것은 아니다. 접미사로 쓰이는 두 가지 경우가 있다. ①'비하'의 뜻을 더하거나 ②'주기적으로 일어나는 동안'의 뜻을 더하는 기능을 할 때는 접미사로 쓰이며 당연히 붙여 쓴다. 예를 들면 다음과 같다.

[비하]
9) 집합 장소에 도착하자 어디선가 적이 **떼거리**로 몰려왔다.

10) 알고 보니 모두 같은 **패거리**였다.

11) 네 엄마는 네가 그런 **짓거리**하고 다니는 걸 알고 있니?

[주기적 동안]

12) **하루거리**로 앓는 병을 학질이라 한다.

13) **이틀거리**로 앓는 학질도 있긴 하다.

14) 매달 모이기 어려워 **달거리**로 모이기로 했다. [KPI]

읽어보다/읽어는∨보다

.
.
.

    한국어를 배우는 외국인이 가장 힘들어하는 맞춤법은 띄어쓰기라고
한다. 그중에서도 보조용언 띄어쓰기는 맞춤법을 웬만큼 안다는 한국
인도 혀를 내두른다. 보조용언ᐤ도 하나의 단어이므로 띄어 쓰는 것이
원칙이나 경우에 따라서는 붙여 쓰는 것이 허용되기도 하고 아예 붙여
쓰는 것만 허용하는 경우도 있기 때문이다. 아래 문장에서 보조용언(보
다)의 띄어쓰기를 정확하게 해 보자.

    1) 삼국지를 **읽어보았다**.
    2) 삼국지를 **읽어는보았다**.
    3) 삼국지를 **새겨읽어보았다**.
    4) 삼국지는 **읽어봄직하다**.
    5) 삼국지를 **읽을까보다**.
    6) 삼국지는 **읽어볼만하다**.

    ᐤ 보조용언: 본용언을 보충하는 기능을 하는 용언으로 보조동사와 보조형용사가 있다.

● 읽어보다

    '삼국지를 **읽어보았다**.'
        '읽-'(어간) + '-어'(연결어미) + '보다'(보조용언)

  '읽어∨보았다'가 원칙이나 본용언 활용형(읽어)이 두 음절이면 붙여 쓸 수 있으므로 붙여 쓰는 것이 자연스러우면 붙여 쓰면 된다.

● 읽어는∨보다

    '삼국지를 **읽어는∨보았다**.'
        읽어 + 는(조사) + 보다

  본용언 활용형에 조사(는)가 붙어 있으므로 띄어 써야 한다.

● 새겨읽어∨보다

    '삼국지를 **새겨읽어∨보았다**.'
        '새겨읽-'(합성어) + 보다

  본용언이 합성동사(새겨읽다)이므로 띄어 써야 한다.

● 읽어봄직하다

    '삼국지는 **읽어봄직하다**.'
        읽어 + 보 + ㅁ(명사형) + 직하다(보조용언)

'직하다'는 특이하게 '명사형+보조용언' 구조로 쓰이는 보조용언이다. 그런데 표준국어대사전에는 '-ㅁ/음 직하다 구성으로 쓰여'라는 전제로 '먹었음∨직하다' 등의 예문을 달아주었다. 띄어 쓰라는 예시를 제시한 것이다. 그런데 한글맞춤법 제47항 해설에는 '먹었음직하다'와 같이 붙여 쓴 형태가 매우 자연스러우므로 붙여 쓰는 것을 허용한다고 명시하고 있다. 그렇다면 그냥 붙여 쓰는 게 합리적일 듯하다.

● 읽을까∨보다/읽는가∨보다

  '삼국지를 **읽을까∨보다**.'
    읽 + 을까(종결어미) + 보다

  '읽어보다'처럼 본용언에 연결어미(어)로 활용되는 것은 붙여 써도 무방하지만 '읽는가', '읽을까', '읽나'처럼 종결어미(-는가, -을까, -나)로 활용된 경우에는 '읽는가∨보다', '읽을까∨보다', '읽나∨보다'와 같이 띄어 써야 한다.

● 읽어볼∨만하다

  '삼국지는 **읽어볼∨만하다**.'
    읽어+보(보조용언)+ㄹ(전성어미)+만하다(보조용언)

  '만하다'는 '-을 만하다' 구조로 쓰이는 보조용언이다. '읽어볼∨만하다'라는 구문은 보조용언이 두 개 포함된 구조이다. 보조용언이 거듭 나타나는 경우는 앞의 보조용언만을 붙여 쓸 수 있다.

여기서 한 가지 헷갈리지 않아야 하는 문법이 숨어 있다. '읽어볼∨만하다'의 '만하다'는 보조용언이지만 비슷한 구조인 '읽어볼 만도∨하다'라는 구문에서는 '만'이 의존명사로 쓰였다. 그래서 보조사 '도'가 붙은 것이다.

1) 삼국지를 **읽어**보았다. [연결어미, 2음절]
2) 삼국지를 읽어**는**∨보았다. [조사]
3) 삼국지를 **새겨읽어**∨보았다. [합성동사]
4) 삼국지는 읽어봄**직하다**. [명사형+직하다]
5) 삼국지를 읽**을까**∨보다. [종결어미]
6) 삼국지는 읽어**볼**∨**만하다**. [이중 보조용언]

보조용언(보다)의 띄어쓰기를 6가지 구조로 살펴보았다. 보조용언을 반드시 띄어 써야 하는 경우는 2)본용언에 조사가 붙은 경우 3)본용언이 복합어인 경우 5)본용언이 종결어미로 활용되는 경우 6)이중 보조용언인 경우 등 네 가지이다. 이 네 가지만 기억하고 띄어 쓰면 된다.

한 가지 덧붙이면 본용언과 보조용언이 결합돼 합성어로 쓰이는 경우는 반드시 확인이 필요하다. 표준국어대사전에 표제어로 올라 있으면 붙여 쓰면 된다. 참고로 보조용언 '보다'와 결합된 복합어만 해도 100개가 넘는다. 그중에서 일반적으로 많이 쓰이는 복합어를 추려 나열했다. 참고하기 바란다.

가려보다, 거들떠보다, 건너(다)보다, 굽어보다, 깔보다, 내다보다, 내려다보다, 넘겨(다)보다, 노려보다, 눈여겨보다, 달아보다, 대(소)변보다, 돌아(다)보다, 뒤(되)돌아보다, 들여다보다, 떠보다, 뜯어보다, 몰라보다, 물어보다, 바라(다)보다, 살펴보다, 스쳐보다, 쏘아보다, 알아보다, 여쭈어(쭤)보다, 올려다보다, 우러러보다, 지내보다, 지켜보다, 째려보다, 찔러보다, 쳐다보다, 칩떠보다('치떠보다'는 비표준어), 톺아보다, 해보다, 훑어보다, 훔쳐보다, 휘돌아보다, 휘둘러보다, 흘겨보다, 흘려보다

못잊어 하다/잊어지다

.
.
.

쉰이 넘은 늦은 나이에 발을 들여놓은 대학원에서 필자보다 한참 젊은 교수에게 통사론을 배우며 처음 맞닥뜨린 부분이 바로 '보조용언'이었다. 매주 발표 준비와 리포트 작성에 몰두했다. 한 달을 그렇게 보내면서 참고서적 몇 권을 섭렵할 수 있었다. 그 덕분에 보조용언을 폭넓고 깊이 있게 이해할 수 있었다.

보조용언은 말 그대로 본용언에 연결되어 본용언의 뜻을 보충하는 기능을 하는 용언이다. 보조용언은 보조동사와 보조형용사로 구분하기도 하지만 두 가지를 그냥 '보조동사'로 통칭하기도 한다. 우리말 문장에서 보조용언 띄어쓰기가 만만찮다는 것은 누구나 아는 사실이다. 그중에서도 '-어 ○다' 형식으로 쓰이는 보조용언의 띄어쓰기는 더욱 까다롭다.

'-어 ○다' 형식으로 쓰이는 보조용언 몇 가지를 들면 붙여 쓰는 '-어 하다', '-어지다'를 비롯해 띄어 쓰는 '-어 가다', '-어 내다', '-어 놓

 통사론: 언어학의 한 분야로 문장을 기본 대상으로 하여 문장의 구조나 기능, 문장의 구성 요소 따위를 연구하는 학문이다. 문장론이나 구문론으로 부르기도 한다.

다', '-어 보다', '-어 오다', '-어 주다' 등이다. 그중에서 붙여 쓰는 경우는 '-어하다'와 '-어지다'뿐이다.

그러나 어처구니없는 것은 표준국어대사전에서 '-어하다'가 보조동사(본동사를 보조하는 동사)로 쓰이면 '어∨하다'처럼 띄어 써야 한다고 돼 있다. '-어 ○다' 형식의 보조용언 띄어쓰기를 이해하기 쉽게 예문으로 제시한다.

1) 그 말을 들으니 **믿어진다**.
2) 할머니는 손녀를 안고 **행복해한다**.
3) 할머니는 손녀를 못 **잊어∨한다**.

보조용언 '-어지다'는 믿어지다, 보태어지다, 늦춰지다, 만들어지다, 느껴지다, 따뜻해지다, 고와지다, 깨끗해지다, 평화로워지다와 같이 붙여 쓴다.

'-어하다'도 예뻐하다, 미안해하다, 불안해하다, 편안해하다, 답답해하다, 미워하다, 힘겨워하다, 무서워하다, 힘들어하다와 같이 붙여 쓴다. 단, 보조형용사일 때만 그렇다. 그러나 '못 잊어∨하다', '못 견디어∨하다', '마음에 들어∨하다'처럼 '-어∨하다'가 보조동사로 쓰이면 띄어 쓴다.

'-어하다'와 '-어지다' 외에 띄어 쓰는 보조용언의 쓰임을 예문을 들고 설명을 대신한다. 예문 4)부터 9)까지처럼 웬만하면 띄어 쓰면 된다.

4) **-어∨가다** → 나는 미래를 만들어∨간다.

5) **-어∨놓다** → 옷은 여기에 벗어∨놓아라.

6) **-어∨보다** → 이 책 읽어∨본 적 있니?

7) **-어∨오다** → 진행해∨오면서 느낀 점을 말해 봐.

8) **-어∨주다** → 밥을 대신 먹어∨주었다.

9) **-어∨내다** → 그는 기어이 만들어∨내고 말았다.

그런데 그중에서 국어사전에 합성어로 등재된 것도 있어서 보조용언의 띄어쓰기가 바른지 판단할 때는 표준국어대사전 활용은 필수이다. '살아가다, 덮어놓다, 달아보다, 살아오다, 들어주다, 빚어내다'와 같이 합성어로 붙여 쓰이는 단어가 꽤 많기 때문이다.

보조용언의 띄어쓰기는 정말 어렵고 복잡하다. 그래서 보조용언만 만나면 교열사의 머리에도 쥐(?)가 난다.

예쁘데/예쁘대

.

.

.

어릴 때 기억을 더듬어 보면 가끔 꼭두새벽에 가까이 사는 동네 친구가 대문을 밀고 들어왔다. 머리에 제 키만 한 키를 뒤집어쓴 친구의 손에 작은 그릇이 하나 들려 있었다. 어머니가 갑자기 부엌에서 부지깽이를 들고 나오더니 친구가 쓴 키를 '퍽퍽' 소리가 나도록 마구 두들겼다. 그러고는 소금을 그릇에 담아 가서 친구 손에 들린 그릇에 부었다. 그날 그 친구는 어김없이 등굣길에서 우르르 몰려든 친구들에게 놀림을 받게 된다. "누구누구는 오줌 **쌌대요!**" 그렇게 창피를 주게 되면 다시는 오줌을 싸지 않고 밤을 보낼 수 있었을까? 꼭 그렇게 동네 창피를 안겨야만 했을까? 가만두어도 때가 되면 해결될 텐데 그때 어른들은 왜 사랑이라는 이름으로 그토록 '아동 학대'에 가까운 방법을 사용했을까.

● 어미 '-대'와 '-데'의 쓰임 비교

"누구누구는 오줌 쌌대요!"에서 '-대'는 남이 말한 내용을 간접적으로 전달할 때 쓰이는 종결어미이다. '-대요'는 '-다고 해요'의 의미이다. 그와 달리 '-데'는 직접 경험한 사실을 말할 때 쓰이는 종결어미이다.

1) 신부가 정말 **예쁘대**?

  = 신부가 정말 **예쁘다고 하더냐**?

2) 그래, 신부가 정말 **예쁘대**.

  = 그래, 신부가 정말 **예쁘다고 하더라**.

3) 신부가 정말 **예쁘데**?

  = 신부가 정말 **예뻐**? 신부가 정말 **예쁘더냐**?

4) 그래, 신부가 정말 **예쁘데**.

  = 그래, 신부가 정말 **예뻤어**. 신부가 정말 **예쁘더라**.

또 '-대'는 의문을 나타내면서 놀라거나 못마땅하게 여기는 뜻을 표현하는 종결어미로도 쓰인다.

5) 신부가 어쩜 저렇게 **예쁘대**? (놀람)

6) 요즘 날씨가 왜 이렇게 **덥대**? (못마땅함)

● '-ㄴ대'와 '-ㄴ데'의 쓰임 비교

7) 내일 비가 **온대**? (온다고 해?)

8) 아니 비가 안 **온대**. (안 온다고 해.)

9) 선생님이 왜 **그러신대**? (못마땅함)

10) 누가 제일 **부지런한데**? (부지런하니?)

11) 날씨가 **더운데** 냉면이나 먹을까? (더우므로)

12) 날씨가 꽤 **더운데**. (꽤 덥구나)

● '–는대'와 '–는데'의 쓰임 비교

13) 외국인도 김치를 잘 **먹는대**? (먹는다고 해?)

14) 물론이지. 잘 **먹는대**. (먹는다고 해.)

15) 이 책을 언제 다 **읽는대**? (못마땅함)

16) 비가 많이 **오는데** 갈 수 있을까? (연결어미)

17) 비가 많이 **오는데**. (오는구나)

18) 비가 많이 **오는데**? (오잖아?)

● '–은데'와 '–던데'

'–은데'와 '–던데'라는 어미는 있지만 '–은대'와 '–던대'라는 어미는
없다.

19) 시간은 **많은데** 할 일이 없네. (연결어미)

20) 그림 **좋은데**. (놀람 또는 못마땅함)

21) 와, 여기 정말 **넓은데**. (놀람)

22) 돈이 왜 그렇게 **많은데**? (못마땅함)

23) 칭찬이 **자자하던데**. (놀람 또는 못마땅함)

24) 이번에 성적 잘 **나왔던데**. (놀람 또는 못마땅함)

25) 노래 잘 **부르던데**. (놀람 또는 못마땅함)

● 의존명사 '데'의 구별

'데' 자리에 '곳에'나 '것에', '경우에'를 대체해 어색하지 않으면 의존명사다! 의존명사는 앞말과 띄어 써야 한다!

> 26) 마음 **머물 수 있는 데**가 없어서 늘 외롭게 지냈어.
>   (~머무는 곳이)
> 27) 자격증을 **따는 데** 목적을 두고 공부하기 시작했다.
>   (~따는 것에)
> 28) 벽돌은 집을 **짓는 데** 쓰이는 재료이다.
>   (~짓는 경우에)

이것만 기억하면 좋을 것이다. 종결어미 '-대'는 ①누구에게 들은 간접경험을 전할 때 ②못마땅한 일을 표현할 때 ③질투가 나서 비꼴 때 쓰인다. 🖊️

받음으로/받으므로

.
.
.

중학교 1학년짜리가 곧 2학년으로 진급할 즈음에 그의 아버지가 영어책을 펼쳐놓고 물었다. 'have'라는 단어를 가리키며 어떻게 읽느냐고 물었다. 의기양양하게 대답했다. "해브." 그 아버지는 책장을 여러 장 한꺼번에 넘긴 뒤 거기서 'have'를 가리키며 어떻게 읽는지 물었다. 딸은 갑자기 얼굴을 붉히며 대답을 못했다. 다시 앞으로 넘겨서 'have'를 가리키자 "해브"라고 바로 대답했다. 다시 뒤로 돌아가 'have'를 가리키자 고개를 가로저으며 모르겠다고 얼굴을 붉힌다.

그다음 날 아버지는 딸에게 물었다. "너, 영어회화 학원에 다녀볼래?" 딸은 잠시 생각하더니 그러겠다고 했다. 아버지는 딸을 영어회화를 잘 가르친다는 서울 종로에 있는 P학원에 등록시켰다. 학원에 다닌 지 얼마 지나지 않아 신기하게도 영어 성적이 갑자기 쑥쑥 올라가기 시작하더니 다음 학기에는 다른 과목 성적까지 쭉쭉 올라갔다.

그 딸은 그 후 대학에 들어가 중국어를 전공하면서 중국 교환학생으로 다녀왔고 학부 졸업 후 대학원에서는 한국어를 전공하며 석사학위를 받았다. 지금은 국어 학원을 차려 강사로 지내고 있다.

바로 필자의 딸 이야기이다. 영어회화 학원에 보낸다고 모두가 영어 성적이 올라가고 덩달아 다른 성적까지 오른다는 보장은 없다. 아무튼 필자는 딸을 영어회화 학원에 **다니게 함으로** 영어뿐 아니라 다른 과목 성적까지 오르는 효과를 본 것이다.

아래 두 문장을 비교해 보자.

1) 영어회화 학원에 **다니게 함으로** 영어 성적 향상의 효과를 보았다.
2) 영어회화 학원에 **다니게 하므로** 영어 성적 향상의 효과를 보았다.

지인들에게 이 두 문장을 보여주며 그 차이를 물어봤더니 먼저 '함으로'는 비표준어 표현이라 '하므로'가 맞는 표현이라는 대답도 있고 '함으로'나 '하므로' 모두 같은 뜻이므로 어느 것을 써도 된다는 대답을 들을 수 있었다.

결론부터 말하면 먼저 '-음으로'와 '-으므로'는 분명히 구별해 써야 한다. 쓰임이 분명히 다르기 때문이며 의미 또한 달라지기 때문이다. 그리고 '-음으로'는 '-음으로써'로 쓸 수 있고 '-으므로'는 '-으므로서'로 쓸 수 있다. '-음으로(써)'는 명사형을 만드는 전성어미 '-음'에 조사 '으로(써)'가 결합된 형태로 '수단'이나 '도구'를 나타낸다. 그러나 '-으므로(서)'는 용언의 어간에 붙어 '까닭'이나 '근거'를 나타내는 연결어미이다.

기독교에서는 고난주간에 애독하는 성경 구절을 역본별로 비교해 보았다.

[한글개역] …그가 **징계를 받음으로** 우리가 평화를 누리고 그가 **채찍에 맞음으로** 우리가 나음을 입었도다.(이사야 53장 5절)

[개역개정] …그가 **징계를 받으므로** 우리는 평화를 누리고 그가 **채찍에 맞으므로** 우리는 나음을 받았도다.(이사야 53장 5절)

최신 성경번역본인 [개역개정]에서 '징계를 받으므로'와 '채찍에 맞으므로'는 분명한 번역 오류이다. [한글개역]의 '징계를 받음으로'와 '채찍에 맞음으로'가 한글맞춤법에 맞는 표현이다.

이전 번역인 [한글개역]에서 바르게 번역된 구절을 [개역개정]에서는 왜 잘못 고쳤을까? 이 구절을 번역한 사람이 '-으므로(서)'와 '-음으로(써)'의 차이를 몰랐거나 잘못 알고 저지른 엄청난 실수라고 판단할 수밖에 없다. [개정개역]의 다른 부분에서는 제대로 돼 있으니 하는 말이다.

[개역 개정] …그가 **채찍에 맞음으로** 너희는 나음을 얻었나니.(베드로전서 2:24)

'그(예수)'는 스스로 징계와 채찍이라는 '수단(도구)'을 동원해 '우리'를 낮게 한 것이지 '그'가 징계를 (먼저) 받았고 채찍을 (먼저) 맞았으므로 우리가 나은 것으로 볼 수는 없다. 다시 말해 '그가 징계를 당하고 채찍을 맞았다. 그 덕분에 우리가 나았다'가 아니라 '그가 우리를 낮게 하려고 (스스로) 징계와 채찍이라는 수단을 택했다'라는 것이 바른 의미이다. 영어 번역본(NIV)과 비교해 보면 명확하게 판단될 것이다.

[NIV] … he was **crushed for** our iniquities; the punishment that brought us peace was upon him, and **by his wounds** we are healed. 📝

살아 있으매/살아 있음에

.
.
.

"'살아 있으매', '살아 있음에', 어느 것이 맞나요?"

성품이 선하고 늘 겸손하며 먼저 남을 배려하는 분이 가까이 계신다. 필자가 참 좋아하는 변호사이시다. 그가 어느 날 느닷없이 문자메시지로 '있으매'와 '있음에'의 차이를 질문해 왔다. 연결어미 '-으매'와 명사형 전성어미 '-음'과 조사 '에'가 결합된 표현을 간단한 설명으로 답 문자를 준 뒤 문자가 오갔다.

"원장님이 **계시매** 든든합니다!"
"조변께서 그렇게 **말씀하시매** 몸 둘 바를 모르겠습니다."

사실 '-으매'와 '-음에'의 용법은 '-으므로'와 '-음을'의 표현법과 거의 같고 의미 또한 비슷하다. '-으므로'가 원인이나 근거를 나타낸다면 '-으매' 역시 원인이나 근거를 나타내는 연결어미이기 때문이다. '-으매'를 '으므로'로 바꿔 써도 의미에 크게 차이가 나지 않는다는 말이다.

1) 강이 **깊으매** 큰 고기가 살고 덕이 **넓으매** 인물이 모여든다.

2) 강이 **깊으므로** 큰 고기가 살고 덕이 **넓으므로** 인물이 모여든다.

'-음에'도 '-음을'과 같은 표현으로 보면 된다. 의미 차이도 그리 크지 않다.

3) 내가 아직 **살아 있음에** 감사한다.
4) 내가 아직 **살아 있음을** 감사한다.
  - '살아 있는 사실'에 감사한다.

다만 예시문 3)과 4)의 경우는 '살아 있는 사실을 감사한다'는 의미로서 살아 있는 사실이 감사의 대상이 되는 경우이다. 이와 달리 이 두 문장을 '있으매'나 '있으므로'로 바꿔 쓸 수도 있는데 이 경우에는 문장에서 나타나는 의도가 조금 다르게 나타난다. '살아 있기 때문에'라는 의미로 쓰이면서 '살아 있는' 사실이 원인이나 근거가 된다.

5) 내가 아직 **살아 있으매** 감사한다.
6) 내가 아직 **살아 있으므로** 감사한다.
  - '살아 있기 때문에' 감사한다.

아래 7)은 '-으매'와 '-음에' 두 가지 표현을 같이 담은 문장이다. 문장 8)과 비교하면서 쓰임을 이해하도록 하자.

7) 가정에 사랑이 **있으매** 평화가 있고 평화가 **있음에** 감사할 뿐이다.
8) 가정에 사랑이 **있으므로** 평화가 있고 평화가 **있음을** 감사할 뿐이다.

'-으매'나 '-음에'가 헷갈린다면 한 가지만 기억하자! '-으므로'와 '-음을'로 대체해 어울리는 쪽으로 선택하면 크게 무리가 안 될 것이다. '-으므로'가 어울리면 '-으매'로, '-음을'이 어울리면 '-음에'로 쓰면 된다!

먹었다/먹었었다

.
.
.

　몇 년 전 사위의 생일에 식구들과 외식을 하기로 했다. 사위가 좋아하는 홍어 요리를 선택하다 보니 아내와 며느리, 딸은 손사래로 거부를 표시했다. 사위와 아들만 데리고 홍어 전문 식당으로 향했다. 식당에는 이미 '홍어꾼'이 여기저기 모여 즐기고 있었다.

　먼저 홍어숙회를 포함한 삼합을 주문하고 이어 호기롭게 홍어찜을 시켰다. "홍어 맛을 제대로 즐기려면 홍어찜을 먹어야 한다."라는 친구의 말만 믿고…. 아뿔싸! 홍어찜 맛이 그렇게 독할 줄은 미처 몰랐던 탓에 우리 셋 모두 한 번씩 맛보고는 서로의 얼굴만 쳐다봤다.

　발효된 홍어는 목구멍에서 코로 통과하는 격한 암모니아 기운과 입 안에 퍼지는 알싸한 맛에 먹는데 처음 먹어본 홍어찜은 그 이상이었다. 숨 쉬기조차 버거웠고 목구멍은 알싸함이 지나쳐 따가울 지경이었다.

　그 후 누군가가 홍어찜을 먹어 봤느냐고 물으면 이렇게 대답한다. "물론입니다. 먹어 보았었습니다." 그날 이후 먹지 않았고 앞으로도 먹지 않겠다는 대답이었다.

　여기서는 '보았었습니다'라는 서술어에서 실현되는 선어말어미 '-었-'과 '-었었-'의 쓰임을 가볍게 살펴보기로 한다. 먼저 이들 선어말어미가 포함된 문장을 예시로 들어보았다.

> 1) 어제는 치킨을 **먹었다**.
> 2) 오늘은 피자를 **먹었다**.
> 3) 내일도 피자를 **먹었으면** 좋겠다.
> 4) 어제까지 피자만 **먹었었다**.

● 어미

먼저 어미부터 가볍게 살펴보기로 한다. 어미는 어간에 붙어 변화되면서 의미를 부여하는 기능을 하는데 어말어미와 선어말어미로 구분된다. 또 어말어미는 연결어미와 종결어미, 전성어미로 나뉜다. 연결어미는 말 그대로 이어지는 말을 연결하는 기능을 하고 종결어미는 문장을 종결하는 기능을 하며 전성어미는 다른 품사의 기능을 수행하게 하는 어미이다. 선어말어미는 어말어미 앞에 붙어 '높임'이나 '시제' 등의 의미를 더하는 기능을 한다.

● 선어말어미 '-었-'

선어말어미 '-었-'은 어간의 형태에 따라 '-았-' 또는 '-였-'으로도 실현된다.

> 5) 나는 어제 친구와 점심을 **먹었다**.
> 6) 나는 어제 친구와 영화를 한 편 **보았다**.
> 7) 나는 어제 친구와 공부를 **하였다**.

선어말어미 '-었-/-았-/-였-'은 '이미 일어난 일(과거)', '이미 완료 됐지만 계속 진행되는 일(완료)', '미래에 확정되기를 기대하는 일(미래)' 등 3가지 의미를 부여하는 기능을 한다. 시제로 보면 과거와 완료, 미래의 의미를 더하는 기능을 한다.

8) 나는 어제 친구와 밥을 **먹었다**. [과거]
9) 나는 오늘 노란색 재킷을 **입었다**. [완료]
10) 나는 내일 점심으로 도시락을 **먹었으면** 좋겠다. [미래]

한 가지 기억할 일은 우리말 문장 복문에서는 선어말어미가 앞 절에서는 실현되지 않아야 자연스러운 문장이 된다는 점이다. 연결되는 두 절이 모두 과거에 일어난 사실이라 하더라도 말이다. 아래 예로 든 문장을 살펴보자.

11) 나는 세수**했다**. 그리고 밥을 **먹었다**.
12) 나는 세수**했고** 밥을 **먹었다**.
13) 나는 세수**하고** 밥을 **먹었다**.

● 선어말어미 '-었었-'

선어말어미 '-었었-'은 과거에 일어난 일이 현재는 단절되었다는 의미를 부여한다고 해서 '단절과거'라는 표현을 쓰기도 하고 말하는 시점에서 과거 이전의 과거를 의미한다고 해서 '대과거'ᵀ라고도 하는데 학교문법에서는 과거 시제에 포함한다. 이 또한 어간의 형태에 따라 '-었었-/-았었-/-였었-'으로 실현된다.

이 선어말어미 '-었었-/-았었-/-였었-'을 두고 두 가지로 의견이 갈린다. 하나는 과거와 구분해 단절된 과거의 의미를 부여하기 위해 써야 한다는 주장이다. 다른 하나는 과거를 나타내는 '-었-'만을 써도 문제가 없다는 주장이다. 개인적인 판단으로는 꼭 써야 할 경우, 즉 과거 단절을 명시해야 하는 경우가 아니면 굳이 '-었었-'을 쓸 필요가 없다는 데 동의한다. '-었-'만 써도 의미가 달라지지 않는다면 말이다.

14) 어제까지 그를 **만났다**.
15) 어제까지 그를 **만났었다**.
16) 어제까지는 그를 **만났다**.
17) 어제까지는 그를 **만났었다**.

예문 14)는 문장만 봐서는 단순 과거인지 과거 단절인지 구분이 어렵다. 하지만 예문 15)는 어제까지는 만났지만 이제는 만나지 않는다는 과거 단절 의미가 부여된 문장임을 알 수 있다. 예문 16)은 어제와 말하는 시점을 대조하는 보조사 '는'이 부사어 '어제까지'에 붙으면서 사실상 과거 단절을 명확히 보여 준다. 그러므로 이런 경우엔 예문 17)처럼 굳이 '-았었-'으로 표현할 이유가 없다.

㉠ 대과거(大過去): 과거의 어느 시점보다 더 앞선 시점에서 과거의 시점까지 계속됨을 나타내는 시제이다.

실제 문장에서는 반드시 선어말어미 '-었었-'을 사용해 과거 단절을 명시해야 할 경우가 그리 많지 않다. 앞뒤 문장에서 이미 과거 단절을 예상할 수 있는 경우가 대부분이기 때문이다. 시제와 관련해 선어말어미 '-었-'과 '-었었-'을 정리하면 '-었-'은 과거, 완료, 미래를 나타내고 '-었었-'은 대과거를 나타낸다. 🖊️

반이나/반밖에

.
.
.

    심리학 용어 가운데 '틀효과(Framing Effect)'라는 게 있다. 틀효과
란 같은 내용을 어떻게 전달하느냐에 따라 그것을 받아들이는 사람의
태도나 행동이 달라지는 것을 나타낼 때 쓰이는 용어이다. 틀효과를 이
해하는 데는 조지 버나드 쇼(George Bernard Shaw)의 사례가 적절
할 것이다. 버나드 쇼는 아일랜드의 극작가 겸 소설가, 비평가이다. 《인
간과 초인》으로 세계적인 극작가가 되었으며 1925년 노벨 문학상을
수상했다.

    어느 날 그는 강의실에서 위스키가 절반 들어 있는 병을 들어 보였다
고 한다. 그걸 본 학생 중 어떤 학생은 "와, 아직도 **반이나** 남았네!"라고
했지만 또 다른 학생은 "애걔, 위스키가 겨우 **반밖에** 안 남았네!" 하는
반응을 보였다. 이 두 가지 반응에 따라 긍정적인 사람인지, 부정적인
사람인지 구분했다는 것이다.

    틀효과에서 '어떻게 전달하느냐'를 결정짓는 기능을 하는 조사가 바
로 '이나'와 '밖에'이다. 이런 가정을 한 번 해 보자. 만일 온 나라에 무
서운 전염병이 돌고 있어 민심이 흉흉하다면 정부에서는 대처 방안을
발표해야 한다.

1) 이 상태로 1년이 지나도 **절반이나** 살아남을 수 있습니다.
2) 이 상태로 1년이 지나면 **절반밖에** 살아남지 못합니다.

"이 상태로 1년이 지나도 절반이나 살아남을 수 있습니다."라는 발표를 들으면 '아하, 그 이상 살 수도 있겠구나' 하는 희망적이고 긍정적인 기대를 하며 적극적으로 대처해 나갈 마음을 먹을 수 있을 것이다.

반대로 "이 상태로 1년이 지나면 절반밖에 살아남지 못합니다."라는 발표를 들으면 '큰일이다. 더 죽을 수도 있겠구나' 하는 절망적이고 부정적인 마음에 좌절하고 포기할 수도 있을 것이다.

조사 '이나' 뒤에는 긍정 서술이 따르고 '밖에' 뒤에는 부정 서술이 따른다. 그렇다면 '이나'라는 조사를 즐겨 쓰는 사람이 '밖에'라는 조사를 많이 쓰는 사람보다 반드시 긍정적인 사고를 지닌 사람으로 봐야 하는가. 그렇지는 않다.

서술어의 본용언이 긍정적인 것인지 부정적인 것인지에 따라 서로 반대의 의미를 나타내기 때문이다. 예시문 3)과 4)는 위에 든 예시문 1), 2)의 본용언 '살다'를 '죽다'로 바꾸어 적은 문장이다. 문장 전체에서 나타내는 화자(말하는 이)의 심리 상태는 반대로 나타난다.

3) 이 상태로 1년이 지나면 **절반이나** 죽을 수 있습니다.
4) 이 상태로 1년이 지나도 **절반밖에** 죽지 않습니다.

'절반이나 죽을 수 있습니다'라는 말에는 '위험합니다. 조심하십시오!'라는 경고성 메시지가 담겨 있다고 볼 수 있지만 '절반밖에 죽지 않습니다'라는 말에는 '살 수도 있습니다. 이겨내십시오!'라는 희망적 메시지가 담겼다고 볼 수 있다.

결국 조사 '이나' 뒤에는 긍정 서술이, 조사 '밖에' 뒤에는 부정 서술이 따르는 것은 맞지만 조사 '이나'와 '밖에' 중 어느 것을 많이 쓰느냐가 화자의 심리가 긍정적이냐 여부를 좌우하지는 않는다는 것이다. 사실은 본용언이 부정적이냐 아니냐에 따라 '이나'나 '밖에'가 반대로 작용하게 된다는 것이다.

그러므로 긍정적인 본용언 앞에는 '밖에'보다 '이나'를, 부정적인 본용언 앞에는 '이나'보다 '밖에'를 사용하는 사람(화자)이 긍정적인 사람일 것이다. 조사 '이나'와 '밖에'를 긍정적으로 쓴다고 해서 다 긍정적인 사람이 되는 게 아니라 긍정적인 사람이 '이나'와 '밖에'를 긍정적으로 쓰는 것이다!

회자되다/입에 오르내리다

．
．
．

● 인구에 회자되다

지역이나 가문마다 다르긴 하겠지만 보통 복숭아나 고춧가루·마늘 같은 양념이 들어간 음식, 팥죽 같은 붉은색 음식, 냄새와 자극이 심한 향신료가 들어 있는 음식은 귀신을 쫓는다고 믿고 제사상에 올리지 않는다. 또 멸치, 꽁치, 갈치처럼 '치'로 끝나는 생선은 값싼 생선이라 여겨 올리지 않는다. 그 외에도 메기, 뱀장어, 고등어처럼 비늘 없는 생선도 올리지 않고 후손이 번성하지 않을 것을 우려해 씨 없는 과일도 올리지 않는다.

어릴 때 제사상을 준비하시는 친척 어른 한 분께 물어본 적이 있다. "아제요(아저씨), 지사(제사) 음식에 왜 고추를 안 넣능교(넣어요)?", "치로 끝나는 음석(음식)은 지사(제사)에 안 쓰는 벱(법)이야. 꼬치(고추) 아이가(아니냐)." 웃음을 참으며 아무런 대꾸도 않고 그냥 돌아 나왔다. 입속에서는 '꼬치가 아니라 고추인데'라는 말이 맴돌았지만….

중국인이 예부터 평소에 즐겨 먹었을 뿐만 아니라 제사상에 귀하게 올렸던 음식 중에서 육회(肉膾)와 구운 고기[炙: 자]가 있다. 당나라 때

한약이라는 사람은 어릴 때부터 총명했던가 보다. 이미 열 살 무렵에 지은 시가 당대 유행했던 시의 수준을 한 단계 뛰어넘었다고 한다. 그 때문에 많은 사람의 입에 오르내리게 되었다.

그 당시 실제 인구(人口: 사람의 입)에 오르내렸던 회(膾)와 자(炙)에서 '회자(膾炙)'라는 단어가 나왔다. 회자는 '육회[膾]'와 '구운 고기[炙]'를 가리키는데 오늘날에는 '칭찬을 받으며 사람의 입에 자주 오르내림을 이르는 말'이란 뜻이며 '인구에 회자되다'라는 관용적 표현으로 쓰이기도 한다.

그런데 이 '회자'라는 단어는 제대로 잘 써야 한다. 가령 '지금도 회자되는 무대 위 공황발작 사건'이라든지 '택배 착불비 3천 원 갑질 사건이 뒤늦게 회자되는 까닭은?' 같은 표현에 이 단어를 쓰면 어울리지 않는다. 더욱이 '한국사에서 가장 많이 회자되는 죽음' 같은 표현은 아주 잘못 쓰인 경우이다.

'지금까지 회자되는 세기의 미녀'라든지 '멈춰버린 축구에도 끊임없이 회자되는 손흥민의 원더골' 같은 표현은 적절하게 쓰인 경우이다. 회자를 쓸 수 있는 조건은 바로 '칭찬을 받으며'에 있다. 칭찬 받을 만한 일에만 회자를 쓸 수 있다는 말이다. 원망 들을 일이나 질타의 대상, 부정적인 표현에는 쓸 수 없다.

이 경우에는 '회자된다' 대신에 '입에 오르내린다'로 해야 맞는 표현이다. '인구에 회자되다!'와 '사람들의 입에 오르내리다'는 같은 의미이나 전혀 다르게 쓰인다. 사람의 입은 맛이 없거나 지독한 맛을 내는 음식은 좋아하지 않고 받아들이지도 않는다. 사람은 입에 맞는 음식을 찾듯이 회자도 칭찬 들을 만한 일에만 쓰인다.

　사람은 죽어 이름을 남긴다고 했다. 기왕이면 인구에 회자되는 이름으로 길이 남기를 기대한다.

.

.

.

박창오(朴昌吾). 예명은 진방남, 고향초, 금동선, 남궁려, 박남포, 반야월, 백구몽, 옥단춘, 추미림, 허구⋯. 그는 1940년 일본에 건너가 오사카에 있는 레코드사에 들어서는 순간 어머니의 부음을 듣게 된다. 그는 이 노래를 가슴을 후벼 파는 심정에서 눈물로 취입하지 않았나 싶다.

예명만도 10개에 이르는 특이한 인물이 그런 특이한 환경에서 탄생시킨 노래, '불효자는 웁니다'.

불러 봐도 울어 봐도 못 오실 어머님을
원통해 불러 보고 땅을 치며 통곡해요
다시 못 올 어머니여 불초한 이 자식은
생전에 지은 죄를 엎드려 빕니다.

그런데 어느 블로그에서 이런 글 제목이 눈에 띄기에 복사해 예문으로 삼았다.

조부모님께 효도하는 법! 좋은 손주 되기 프로젝트!

조부모님께 '효도'를 한다? 효도는 백행(百行)의 근본이며, 불효는 죄 중에서 대죄(大罪)라 하지 않는가. 이처럼 '중하디 중한' 효(孝)의 개념을 잘못 이해하는 사례가 눈에 많이 띈다.

● 효도는 '부모님'께만

1) 효(孝)란 **어버이**를 잘 섬기는 일이다.
2) 효도(孝道)란 **부모님**을 잘 섬기는 일이나 도리이다.
3) 효자(孝子)란 **부모**를 잘 섬기는 아들이다.
4) 효녀(孝女)란 **부모**를 잘 섬기는 딸이다.
5) 불효(不孝)란 **어버이**를 효성스럽게 잘 섬기지 아니하여 자식 된 도리를 하지 못함을 가리킨다.
6) 불효자(不孝子) 또는 불효자식(不孝子息)은 **어버이**를 효성스럽게 잘 섬기지 아니하는 자식이다.

효나 효도는 '부모님'을 '잘' 섬기는 도리이다. 효의 대상은 부모님이지 조부모님이 아니다.

● 효도는 부모를 '잘' 섬기는 것

'섬긴다'는 말의 의미는 '잘 모시어 받들다'이다. 결국 섬기다, 모시다, 받들다는 같은 의미로 쓰이는 말이다. 부모님을 '잘' 모시고, '잘' 받들고, '잘' 섬기는 일이 효도이다. 어버이 살아계실 때 그렇게 하자.

명심하시라. 돌아가시면 100% 후회한다. 돌아가시면 100% 아프다! 필자의 경험이다. 어머님 돌아가신 지 20년이 다 되어 가는데 아직도 미안해서 너무 아프다.

● 조부모님께는 '공경'을

물론 부모님이 누구인지 알 수 없는 사람이거나 부모님 대신 조부모님 손에서 길러진 손주로서는 조부모님이 부모님과 다름없을 수 있다. 그런 경우에는 부모님 모시듯 한다는 의미에서 '효도한다'라고 쓸 수는 있으리라 본다.

하지만 부모님이 곁에 계시지 않거나 이미 세상을 뜨셔서 마음속에만 간직하고 있다 해도 조부모님께는 '효도'가 아니라 '공경'이란 표현을 사용하는 것이 바람직하다고 본다. 물론 공경이라는 말은 조부모님뿐만 아니라 부모님께도 쓸 수 있는 말이다.

부모님께는 효도를,

조부모님께는 공경을!! KPI

금도(襟度)/금도(禁度)

.
.
.

웹 포털사이트에 게재된 한 언론사의 기사가 눈에 거슬리기에 바로 옮겨왔다.

1) "추미애 법무부 장관이 21대 국회 첫 대정부 질문에서 '아들'이 언급되자 '질문에도 **금도**가 있다'며 발끈했다."

장관 발언 내용의 잘잘못을 따지려는 게 아니다. 그가 한 말 중에 잘못 쓰인 단어가 있기에 그 오류를 밝혀 바른 표현을 제대로 알리고 싶을 뿐이다. 사전에 나오는 '금도(襟度)'는 '다른 사람을 포용할 만한 도량'을 가리키는 말이다. 아마도 추 장관은 금도(襟度)라는 명사를 금도(禁度)ᵒ쯤으로 오해하고 쓴 듯하다. 그런데 금도(禁度)라는 단어는 사전에도 없을 뿐만 아니라 이렇게는 쓸 수 없는 말이다. 같은 기사에서 이어지는 문장을 좀 더 읽어 보면 잘못 쓴 것으로 확연히 드러난다.

ⓞ 금도(禁度)로 표현해도 된다고 주장하는 사람도 있으나 표준국어대사전에는 동음이의어로 5개가 표제어로 올라 있으나 이 단어는 없다. 그 5개는 금도(金桃, 복숭아), 금도(金途, 돈줄), 금도(琴道, 거문고 연주법), 금도(禁盜, 도둑질을 금함), 금도(襟度, 도량)이다.

2) "추 장관은 김 의원의 질문에 '내 아들은 아무 문제가 없다. 의원이 이 사건의 진의와 제 아들을 관련시키는 질문을 하는 것은 바람직하지 않다'고 답했다."

정치권에서 쓰는 인기 단어 중 하나가 아마도 '금도'일 것이다.

3) '박원순 사자명예훼손' 고발인 "가세연, **금도** 넘은 폐륜적 망언·망동" (MSN 뉴스)
4) "우리가 최소한 지켜야 할 **금도**, 품격이라는 게 있는데 완전히 조폭식 말폭력"(Chosun Biz)
5) 박 씨에게 "관련 재판에 출석하라"고 말한 배현진 통합당 원내대변인을 향해선 "**금도** 넘는 일"이라고 비판하며 "고인의 죽음마저 정쟁화하려는 것은 즉각 중단해야 한다"고 촉구했다.(중앙일보)

금도라는 말은 '넘어서다'나 '벗어나다'와 어울려 쓸 수 없는 말이다. 인간이 지켜야 하는 기준이나 수준을 의미하는 말이 아니기 때문이다. 금도에서 금은 '금할 금(禁)'이 아니라 '옷깃 금(襟)'이다. 굳이 금도 넘는 일이라고 쓰고 싶으면 '선'을 넘는 일이라고 하면 될 것이다.

옷깃이 뭔가? 저고리나 두루마기의 목에 둘러대어 앞에서 여밀 수 있도록 된 부분을 이른다. 그 깃 위에 조붓하게 덧대는 헝겊오리가 동정이고…. 그래서 '옷깃을 여미다'라는 관용구는 '경건한 마음으로 옷을 가지런하게 하여 자세를 바로잡다'라는 의미로 쓰인다. 옷깃은 마음을 나타내는 부분이라고 볼 수 있다.

이처럼 옷깃을 여미고 대해야 하는 덕목이 바로 금도(襟度)인 것이다. 금도는 인간이 넘지 않아야 할 '선(線)'이 아니라 인간이 추구해야 하는 '덕목(德目)'인 것이다. 이제는 정치인들이 바로 좀 알고 썼으면 좋겠다. 진정한 금도(襟度)를 보이는 정치인, 진정한 금도(襟度)를 보이는 민족의 지도자가 나타나기를 소망한다. 🖊

놀래다/놀래키다

.
.
.

대학 등록을 늦게 하는 바람에 기숙사 입사 기회를 놓쳐버렸다. 하는 수 없이 선배 셋이 동숙하고 있다는 학교 앞 허름한 판잣집 단칸방에서 더부살이를 했다. 기숙사 방이 날 때까지 한 학기를 거기서 보냈다. 어느 날 선배 중 한 분이 몇 시간 동안 그치지 않고 연방 딸꾹질을 하고 있었다. 너무 안타까운 마음에 시침을 뚝 떼고 비책을 써 보기로 했다.

"선배, 제 가방에 있던 돈이 없어졌는데요. 혹시 선배가…?"

그 말이 떨어지기 바쁘게 버럭 화를 내며 벌떡 일어선 선배가 마치 때릴 듯한 자세로 필자를 노려보았다.

"뭐야? 지금 나보고 뭐라 한 거야?"

다행히 이미 딸꾹질은 쉽게 멎었는데 불행히도 선배의 분은 쉽게 풀리지 않았다. 딸꾹질을 멎게 하려는 후배의 충격 요법이 너무 강했던가 보다. 싹싹 빌면서 설명하고 사과해도 쉽게 분을 풀지 못하는 선배의 모습을 보며 다시는, 딸꾹질하는 누구에게도 그 비책(?)을 쓰지 않기로 마음먹었다. 그 비책, 바로 갑자기 **놀래는** 방법이다.

동사 '놀라다'의 사동 표현은 '놀래키다'가 아니라 '놀래다'이다. 입말에서 '놀래키다'에 익숙한 탓에 '놀래다'가 어색하게 들릴지 모르나

'놀래키다'는 틀린 표현이고 '놀래다'가 문법에 맞는 표현이다. 구조는 원래 어간 '놀라-'에 사용 형성 접미사 '-이'가 덧붙여져 '놀라이다'로 되는데 줄여서 '놀래다'가 표준어가 된 것이다.

1) *얘, 사람 좀 **놀래키지** 마!⑦

일반적으로 주동사를 사동형으로 만들 때는 다음 3가지 형태로 이뤄진다.

① 접미사 '-이-, -히-, -리-, -기-, -우-, -구-, -추-' 등 접사 7가지와 결합하는 구조로 이뤄진다. 예를 들면 '먹다→먹이다', '입다→입히다', '붇다→불리다', '튀다→튀기다', '돋다→돋우다', '달다→달구다', '맞다→맞추다' 등이다.

② 접미사 '-시키다'와 결합하는 구조로 이뤄진다. 예를 들면 '교육하다→교육시키다', '접수하다→접수시키다' 등이다.

③ 보조동사 '-게 하다'와 결합하는 구조로 이뤄진다. 예를 들면 '벌다→벌게 하다', '입다→입게 하다' 등이다.

주동형인 '놀라다'가 사동 형성 접미사 '-이'와 결합되어 '놀래다'가 되는 구조와 비슷한 예로 '나타나다→나타내다', '건너다→건네다' 같은 사동형 표현을 들 수 있다.

---

⑦ 문장 앞에 두는 '*(아스테리스크)'는 언어학에서 그 문장이 비문(비문법 문장)임을 나타내는 기호이다.

2) 건너다 → **건네다**(건너-이-다)

3) 끝나다 → **끝내다**(끝나-이-다)

4) 드러나다 → **드러내다**(드러나-이-다)

놀라다의 사동형 '놀래다'를 '놀래키다'로 잘못 알고 쓰는 것은 아마
도 사동형을 만드는 또 다른 접사 '-시키다'에 익숙해서 나타나는 현상
이 아닌가 싶다. 또 '-키다'로 활용되는 접사가 하나 있기는 하다. 그것
은 동사 '일다'의 어간 '일-'과 '-으키-'가 결합된 사동형 표현 '일으키
다' 같은 경우이다. 하지만 '-으키-'라는 접미사 외에 '-이키-'라는 접
미사도 있다. '돌다'가 '돌이키다'로 되는 경우이다.

5) 일다 → **일으키다**(일-으키-다)

6) 돌다 → **돌이키다**(돌-이키-다)

그런데 '뜨다', '서다', '쓰다', '자다', '차다', '타다' 같은 주동사는
접미사 '-이우-'와 결합해 사동형이 만들어진다.

7) 뜨다 → **띄우다**(뜨-이우-다)

8) 서다 → **세우다**(서-이우-다)

9) 쓰다 → **씌우다**(쓰-이우-다)

10) 자다 → **재우다**(자-이우-다)

11) 차다 → **채우다**(차-이우-다)

12) 타다 → **태우다**(타-이우-다)

또 '걷다', '닫다', '붇다' 같은 '디귿(ㄷ)불규칙용언'[㉠]은 불규칙활용 되면서 사동 형성 접사와 결합하게 된다.

13) 걷다 → **걸리다**

14) 닫다 → **달리다**

15) 붇다 → **불리다**

마지막으로 국어사전에서 표제어로 올라 있는 이중 사동형 동사를 소개하면 바로 '넘기다(넘다의 사동형)'와 '씌우다(쓰다의 사동형)'의 결합 형태인 '넘겨씌우다'라는 게 있다. ▣

㉠ 불규칙용언은 몇 년 전만 해도 현재는 8가지로 분류된다. '오다'나 '오다'로 끝나는 동사 어간 뒤에 붙는 '-너라'가 제외됐다.

좌포우혜/좌포우해

.
.
.

몇 년 전 아들과 함께 평양식 냉면 집에 들러 점심을 함께한 적이 있
다. 식사비를 계산하고 막 나서는데 입구에 '북한식 **식혜** 판매'라는 팻
말이 보였다. 아들이 물었다. 저기 쓰인 '식혜'가 맞는 표현이냐고…. 가
까이 다가가서 본 식품은 '**식혜**'가 아니라 분명히 '**식해**'였다. '과연 교
열사의 아들답구나' 하는 생각에 내심 흐뭇해한 적이 있다.

● 식혜(食醯)와 식해(食醢)

식혜(食醯)와 식해(食醢)는 발음만 비슷할 뿐 전혀 다른 음식이다.
'초 혜(醯)'와 '젓갈(육장) 해(醢)'는 과거에 선비의 실력을 가늠하는 잣
대로 쓰였다는 말이 있을 정도로 헷갈리는 한자이다. 둘 다 삭힌 음식이
긴 하지만 식혜(食醯)는 이른바 '감주' 또는 '단술'이며 식해(食醢)는 생
선에 간을 하고 곡식과 섞어 함께 삭힌 음식이다.

명절이 다가오면 차례상 차리는 분들은 제수 진설에 신경을 안 쓰려
야 안 쓸 수 없을 것이다. 제수를 진설할 때면 홍동백서(紅東白西), 조율
이시(棗栗梨柹), 좌포우해(左脯右醢), 어동육서(魚東肉西) 같은 사자성
어가 입에 많이 오르내린다. 그런데 지방마다, 가문마다 진설 방식이

다를 수 있다. 좌포우해(左脯右醢)만 해도 그렇다. 좌포우혜(左脯右醯)
로 쓰기도 하기 때문이다.

● 좌포우혜(左脯右醯)와 좌포우해(左脯右醢)

그런데 필자는 제사를 지내지 않는 사람이지만 과연 '좌포우해(左脯
右醢)'가 맞는지 '좌포우혜(左脯右醯)'가 바른 표현인지 몹시 궁금해졌
다. 웹 포털사이트에서 검색해 보면 두 가지 다 넘실댄다. 특히 어학사
전에서 검색해도 두 가지 모두 표제어로 올라 있다. 그래서 국립국어원
의 표준국어대사전에서 검색해 봤다. '좌포우해(左脯右醢)'는 없고 '좌
포우혜(左脯右醯)'만 표제어로 등재돼 뜻풀이를 하고 있다.

● 좌포우해(左脯右醢) → 서포동해(西脯東醢)

다음으로 성균관 홈페이지에 들어가 메뉴 [커뮤니티]의 [의례문답]
게시판에서 '좌포우해'와 관련한 질의응답 글을 발견했다. 거기서는
'좌포우해(左脯右醢)'보다는 '서포동해(西脯東醢)'로 말하고 표기해야
한다고 답변하고 있다. 그리고 '가례(家禮)'와 '국조오례의(國朝五禮
儀)'의 제수 진설도도 첨부돼 있었다.

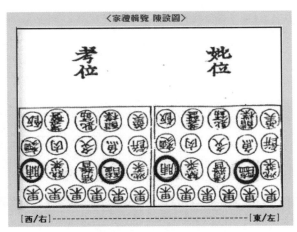

〈가례(家禮) 진설도〉

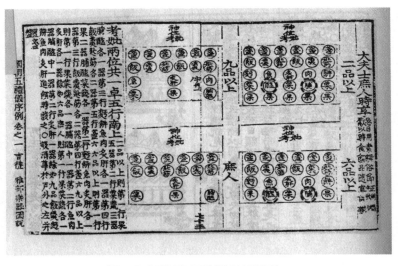

〈국조오례의(國朝五禮儀)의 진설도〉

'가례'와 '국조오례의' 두 곳 모두에 '초 혜(醯)'가 아니라 '육장 해

(醢)'로 표기돼 있다. 그렇다면 '좌포우해(左脯右醢)'가 맞으나 성균관의 견해에 따라 신위 위주로 '서포동해(西脯東醢)'로 말하고 표기해야 한다는 결론을 얻긴 했는데, 이런 견해도 있으니….

　홍동백서(紅東白西), 조율이시(棗栗梨柿) 또는 조율시이(棗栗柿梨), 좌포우해(左脯右醢), 어동육서(魚東肉西) 등의 진설 방식은 예서에 규정된 바가 없다(국립민속박물관 제공).[⑦] 이 글을 읽으시는 분들은 참고만 하시기 바란다.

---

⑦ http://terms.naver.com/entry.nhn?docId=3561104&cid=58728&categoryId=58728,

그을다/그슬다

.

.

.

어린 시절 하면 떠오르는 모습은 두 가지이다. 모두 친구들과 함께한 추억이다. 그 하나는 한여름 냇가에서 햇볕에 등이 새까맣게 그을려 따가울 때까지 하루 종일 놀았던 추억이고 다른 하나는 친구들과 함께 밀밭에서 서리한[⊙] 밀 이삭을 모닥불에 그슬려 먹었던 추억이다. 그야말로 어린 몸은 햇볕에 그을렸고 어린 우리는 밀 이삭을 서리해 불에 그슬려 먹었다.

흔히 동사 '그을다'와 '그슬다'를 구별하지 않고 쓸 때가 많다. 이 두 단어는 의미에 따라 구별해 쓸 필요가 있다. '그을다'는 햇볕이나 불, 연기 따위를 오래 쬐어 검게 되는 현상을 표현할 때 쓰이는 말이다. 건강을 위해서 햇볕에 피부를 태우는 것을 가리키는 영어 단어 선탠(suntan)이 이에 어울린다. 물론 물집이 생길 정도로 태우는 선번(sunburn)보다는 약한 정도라고 보면 될 것이다.

이에 비해 '그슬다'는 불에 겉만 약간 타게 하는 현상을 가리키는 표현이다. 농촌에서 서리한 밀이나 콩은 불에 그슬려 먹는 것이다. 그리

⊙ 서리: 떼를 지어 남의 과일, 곡식, 가축 따위를 훔쳐 먹는 장난을 가리킨다.

고 덜 구워진(underdone) 스테이크를 가리키는 레어(rare) 정도이면 불에 그슬려 낸 것으로 볼 수 있지 않을까 싶다.

사전 뜻풀이를 정리하면 '그을다'가 '햇볕이나 연기, 불에 오래 쬐어 색깔을 검게 만드는 것'이라면 '그슬다'는 오직 '불에 겉만 살짝 익히는 정도'를 가리키는 표현이다. 그래서 '햇볕에 그슬려'라는 표현은 잘못이고 '햇볕에 그을려'가 맞는 표현이라 하겠다.

표준국어대사전에서는 분명히 '그슬다'를 '불에 겉만 약간 타게 하다.'로 뜻풀이해 놓았다. 그럼에도 '오매(烏梅)'를 '덜 익은 푸른 매실을 짚불 연기에 그슬려 말린 것.'으로 풀이하고 있다. 이 사전에서 '그을다'와 '그슬다'의 뜻풀이대로라면 '짚불 연기에 그을려 만든 것'으로 해야 옳을 것이다. 이런 점이 바로 많은 사람이 표준국어대사전을 불신하는 한 원인이지 않겠나.

한편 그을다와 그슬다는 모두 접미사 '-리'와 결합해 피동형과 목적어를 동반하는 사동형 표현을 만들 수 있다.

1) 햇볕에 까맣게 **그을린** 피부에는 윤기가 났다. [피동형]
2) 햇볕에 피부를 너무 **그을려** 윤기가 났다. [사동형]

3) 촛불에 머리카락이 **그슬리자** 냄새가 풍겼다. [피동형]
4) 촛불에 머리카락을 **그슬리며** 냄새를 풍겼다. [사동형] KPI

태어나다/부화하다

.
.
.

　스승과 제자 사이의 관계가 무르익음을 나타내는 사자성어로 '줄탁
동시(啐啄同時)'가 있다. 알 속의 병아리가 밖으로 나오기 위해서는 알
안에서는 병아리가 '쪼고[啐]' 알 밖에서는 어미 닭이 '쪼는[啄]' 것을
가리키는 말이다. 사제(師弟) 관계는 병아리가 부화할 때 병아리(제자)
와 어미(스승)의 동시 작용처럼 이뤄져 성숙된다는 의미로 쓰인다.

　조류나 어류, 파충류처럼 '알 속에서 새끼가 껍데기를 깨고 밖으로
나오다'(주동) 또는 '알 속에서 새끼가 껍데기를 깨고 밖으로 나오게 하
다'(사동)를 의미할 때는 '부화하다'라고 써야 한다. 그러나 사람이나
동물이 '어미의 태(胎)로부터 세상에 나오다'를 의미할 때는 '태어나다'
라고 쓰는 게 옳다.

　그러므로 개미, 병아리, 여왕벌, 뱀, 올챙이 같은 동물이 '태어난다'
고 하면 틀린 표현이 된다. 아래에는 잘못 표현한 예문을 몇 개 들어 보
았다.

　1) 드래건은 **알로 태어날까요** 아니면 새끼로 태어날까요?

(네이버 지식인 질문)

2) **유정란을 통해 태어난** 일개미는 두 쌍의 염색체를 갖고 **태어나며** 무정란에서는 한 쌍의 염색체만 가진 수개미가 **태어난다.**

(아시아경제)

3) **새로 태어나는 수개미**는 여왕개미의 유전자는 하나도 없고 자신의 어미와 교미를 한 아비의 유전자만 가지고 **태어나는** 것이다.

('생명진화의 은밀한 기원 짝짓기' EBS MEDIA 외, MID)

4) 각자 맡은 알을 소중히 부화기에 넣었고 21일 만에 **병아리가 태어났다.** 그리고 성장이 빠른 올챙이도 한 마리 **태어났다.**

(뉴스1)

또 '태어나다'와 비슷한 의미로 동식물에 같이 쓸 수 있는 '태생하다'라는 단어가 있다. 동물에 쓰이면 '모체 안에서 어느 정도 발육을 한 후에 태어나다'라는 뜻으로 단공류(單孔類)[⊙]를 제외한 포유류에서만 볼 수 있다.

단공류란 오리너구리와 바늘두더지(가시두더지) 같은 동물을 가리키는데 이 두 종류의 동물은 알을 낳는다. 하지만 알에서 부화한 새끼는 어미가 젖으로 기르기에 포유류(哺乳類)로 분류된다. 달리 말하면 '난생(卵生) 포유동물'이다.

한편 '태생하다'가 식물에 쓰이면 나무에 과실이 달린 채 씨가 싹 터

⊙ 단공류(單孔類, Monotremata): 표준국어대사전에는 표제어로 올라 있지 않지만 한국과학기술정보연구원에서는 이 용어를 사용하기도 하고 '난생(卵生) 포유동물'이란 표현도 쓰고 있다.

서 유식물(幼植物)이 되는 현상을 가리킨다. 유식물이란 씨앗이 발아되어 생육이 시작되는 어린 식물이다.

위에 든 예문을 바르게 수정하면 다음과 같다.

5) 드래건은 **알에서 부화할까요** 아니면 새끼로 태어날까요?

6) 유정란을 통해 **부화한** 일개미는 두 쌍의 염색체를 갖고 **부화하며** 무정란에서는 한 쌍의 염색체만 가진 수개미가 **부화한다**.

7) 새로 **부화한** 수개미는 여왕개미의 유전자는 하나도 없고 자신의 어미와 교미를 한 아비의 유전자만 가지고 **부화하는** 것이다.

8) 각자 맡은 알을 소중히 부화기에 넣었고 21일 만에 병아리가 **부화했다**. 그리고 성장이 빠른 올챙이도 한 마리 **부화했다**.

껍질/껍데기

.
.
.

2020년 12월 어느 날 SBS의 '생활의 달인'[가] 작가의 호출을 받았다. 달인으로 출연해 달라는 요청이 아니라 달인을 상대하고 평가하는 전문가로 출연해 달라는 요청이었다. 한사코 사양했으나 작가는 기어이 받아들이도록 설득해 왔다.

> 음식-식육-육중관수욕-욕식-식멸-멸칭-칭웅-웅읍-읍륵-늑흔-흔들
> 축-축쇄-쇄홍-홍촉-촉식-식읍-읍권-권력욕-욕심-심부름꾼-꾼….

SBS 생활의 달인에서 끝말잇기 2018년 우승자와 2019년 우승자의 대결에서 이어진 단어이다. 둘 다 고등학생이었는데 사실 누가 이기느냐는 크게 의미가 없었다.

'심부름꾼', '동녘', '게르마늄', '라듐'처럼 끝말이 '-꾼'이나 '-녘', '-늄', '-듐'처럼 끝말잇기를 끝낼 수 있는 음절로 이뤄진 '유도단어' 또

가 '생활의 달인' 776회 방송. https://www.youtube.com/watch?v=4kZRtv
  n8Cs4

는 '한방단어'⑦가 약 500개 있는데 이들 달인은 사전을 뒤져 가며 죄다 외우고 있었다. 어쨌든 끝말잇기에서 이기기 위해서는 이 같은 단어를 제시할 수 있을 때까지 상대를 유도한다고 했다. 놀라운 것은 수많은 단어를 외울 뿐만 아니라 단어의 뜻까지 훤히 꿰고 있었다. 정말 달인은 달인이었다. 아무튼 재미있고 놀라운 경험이었다.

촬영장에 들어서자마자 끝말잇기 달인과 인사를 나누고 요청에 따라 가볍게 무슨 일을 하는지 소개했다. '교열하는 사람'이라고 하면 바로 이해하는 사람이 드물기 때문에 '이런 오류가 나오면 이렇게 고치는 사람'이라고 소개하는 게 편했다. 카메라 3대가 동시에 돌아가는 상황에서 그 달인 친구에게 물었다.

"혹시 '조개껍질 묶어 그녀의 목에 걸고' 이 노래 알지?"
"아뇨."
"아, 그렇구나. 그런데 이 노래에서 가사가 틀렸어! 껍질이 아니라 껍데기가
맞거든~."

그 달인이 아니라 부지런히 카메라로 찍고 있던 PD가 갑자기 카메라 위로 고개를 쑥 빼고 묻는다.

"정말이에요? 그게 왜 틀렸어요?"

---

⑦ '유도단어'나 '한방단어'는 끝말잇기 달인 사이에 주로 쓰이는 말이다.

껍질은 단단하지 않은 물질, 껍데기는 단단한 물질을 가리키는 단어라는 대답에 PD는 정말 그러냐고, 자기는 처음 알았다며 의아해하던 모습이 새삼 기억난다.

학창 시절 웃음 지으며 보았던 만화 내용이 기억에 새롭다.

"바닷속 조개가 어느 날 해삼 한 마리를 삼켰답니다.
얼마 후 조개가 입을 열자 멍게가 쏟아져 나왔답니다."

조개는 껍데기에, 멍게는 껍질에 싸여 있는 바닷속 생물이다. 삶은 계란에는 껍데기와 껍질이 다 있다. 겉껍데기와 속껍질…. 굴은 껍데기에 싸여 있고 귤은 껍질에 싸여 있다.

그런데 표준국어대사전에는 '조개껍데기'뿐만 아니라 '조개껍질'이라는 단어도 복합어로 올라 있다. 다음과 같은 뜻풀이와 함께….

'조갯살을 겉에서 싸고 있는 단단한 물질. =조개껍데기'

껍데기를 '단단한 물질'로 뜻풀이하면서도 조개껍질을 표준어로 삼은 것은 이 사전의 모순이다. 예문으로 든 최명희의 《혼불》 중 "모처럼 얻어 내는 조개껍질이야말로 잔칫상을 차리기에는 오금이 저리게 즐거운 그릇이었다."에 따라 표제어로 등재한 것으로 보인다. 그렇게 쓰기에 표준어로 등재한 것으로 비치는 모습, 이게 표준국어대사전의 현주소이다.

다른 하나, 단단하지 않아도 껍데기라고 부르는 경우가 있다. 알맹

이를 빼내고 남은 것은 단단하지 않아도 껍데기라고 부른다. 예를 들면 이불을 싸고 있는 홑청이나 베갯잇을 세탁하기 위해 분리하면 껍질이 아니라 껍데기라고 해야 한다. 이불 껍데기, 베개 껍데기처럼….

드리우다/불리우다

.
.
.

1) "하라, 하지 말라는 말이 듣기 싫어요!"
2) "공부하라는 말이 제일 듣기 싫어요!"

필자가 교사로 재직할 때 담임을 맡아 학생들과 상담하면서 수도 없이 들은 말이다. 그래서 필자는 다짐했다. '내가 아이를 갖게 되면 절대로 공부하라는 말은 하지 않고 키우겠다'라고…. 정말 우리 부부는 남매가 대학을 마칠 때까지 단 한 번도 공부하라는 말을 하지 않았다.

'시키다', '부리다', '사역하다' 같은 말은 '~을 하게 하다'라는 의미를 담고 있다. 이런 기능을 지닌 동사를 사역동사(使役動詞) 또는 사동사(使動詞)라고 한다. 사동사를 만드는 역할은 '사동 형성 접미사'가 맡아서 한다. 그렇다면 사동사를 만드는 접미사는 모두 몇 가지일까?

기본적으로 '-이-, -히-, -리-, -기-, -우-, -구-, -추-' 일곱 가지가 있다. 거기에다 '일다(생기다)'가 '일으키다'처럼 사동형으로 바뀔 때 쓰이는 '-으키-'가 있고 '돌다'의 사동형 '돌이키다'에 쓰이는 '-이키-' 그리고 '없다'의 사동형 '없애다'에 쓰이는 '-애-'가 있다. 그 외에 하나 더 있다! '서다'의 사동형 '세우다(서-이우-다)'에 쓰이는 '-이우-'이다.

그래서 사동형을 만드는 접미사는 '-이-, -히-, -리-, -기-, -우-, -구-, -추-' 등 7가지에다 '-이키-, -으키-, -애-' 등 3가지 그리고 '-이우-'를 더해 모두 11가지라고 기억하면 될 것이다. 이 11가지 예를 차례로 들면 아래와 같다.

[-이-]   장작에 불이 붙다. → 장작에 불을 **붙이다**.
[-히-]   마을 진입로가 넓다. → 마을 진입로를 **넓히다**.
[-리-]   합격 사실을 알다. → 합격 사실을 **알리다**.
[-기-]   학급 반장을 맡다. → 학급 반장을 **맡기다**.
[-우-]   창고가 비다. → 창고를 **비우다**.
[-구-]   쇠가 발갛게 달다 → 쇠를 발갛게 **달구다**.
[-추-]   옷이 몸에 맞다. → 옷을 몸에 **맞추다**.
[-으키-] 파문이 일다. → 파문을 **일으키다**.
[-이키-] 생각이 돌다. → 생각을 **돌이키다**.
[-애-]   문제가 없다. → 문제를 **없애다**.
[-이우-] 줄을 서다. → 줄을 **세우다**.

그중에서 사동형을 만드는 접미사 [-이우-]의 예문을 좀 더 들어 보았다.

[크다] 아이가 큰다. → 아이를 **키운다**.
[서다] 줄을 서다. → 줄을 **세우다**.
[타다] 장작이 불에 타다. → 장작을 불에 **태우다**.
[쓰다] 모자를 쓰다. → 모자를 **씌우다**.
[차다] 손목에 시계를 차다. → 손목에 시계를 **채우다**.

[자다] 아기가 자다. → 아기를 **재우다**.
[뜨다] 물에 뜨다. → 물에 **띄우다**.

그런데 교열하다 보면 사동형을 만드는 접미사 '-이우-'를 피동형에 잘못 쓰는 경우가 실제로 발견된다. 몇 가지 잘못 쓰인 예를 들어보면 다음과 같다.

1) *그는 이 업계의 산증인으로 **불리운다**.(→ 불린다)ㄱ
2) *한 남자가 우리 집에서 5년간 **길리운** 길고양이가 결국 우리를 떠났다.(→ 기른/길린/길러진)
3) *아기가 **졸리운** 듯 눈을 반쯤 감고 있다.(→ 졸린)

그러나 북한에서는 '먹이우다, 불리우다, 실리우다'처럼 '-이우-'가 피동형으로 쓰이고 있다. 그러나 우리말에서는 이렇게 쓰면 비문법 표현이 된다. 아마도 '드리우다'같이 '-우다'로 끝나는 사동사에 익숙해서 나타나는 현상으로 보인다.

착각하지 않아야 하는 것은 단순히 어말이 '-우다'인 사동사를 마치 접사 '-우-'와 결합된 사동형 동사로 보면 안 된다는 것이다. 예를 들면 '데우다, 드리우다, 때우다, 배우다, 싸우다, 외우다, 지우다, 치우다' 같은 어휘는 사동사이지 접사가 결합된 사동형 동사가 아니다.

ㄱ 문장 앞에 두는 '*(아스테리스크)'는 언어학에서 그 문장이 비문(비문법 문장)임을 나타내는 기호이다.

마지막으로 이런 문장은 이렇게 고쳐 쓰자는 의미로 두 가지 예를 더 들어본다.

4) *아기가 **졸리운** 듯 눈을 비비고 있다.
   → 아기가 **졸린** 듯 눈을 비비고 있다.

5) *안개가 **가리운** 듯 뿌옇게 보인다.
   → 안개가 **가린** 듯 뿌옇게 보인다.

.
.
.

고전 그리스어로 물고기는 '$\iota\chi\theta\upsilon\varsigma$'⑦이다. 로마에 살았던 유대인들은 이를 물고기 그림에 대문자 '$IX\Theta Y\Sigma$'를 넣어 암호로 사용했다고 한다. '$IX\Theta Y\Sigma$'는 '$I\eta\sigma o\upsilon\varsigma$ $X\rho\iota\sigma\tau o\varsigma$ $\Theta\varepsilon o\upsilon$ $Y\iota o\varsigma$ $\Sigma\omega\tau\eta\rho$(예수스 크리스토스 테우 휘오스 소테르)'의 두문자(頭文字)만 따서 만든 것이다. 이 말은 예수님의 제자 베드로가 고백한 "주는(예수, $I\eta\sigma o\upsilon\varsigma$) 그리스도시요($X\rho\iota\sigma\tau o\varsigma$) 살아계신($\Sigma\omega\tau\eta\rho$) 하나님의($\Theta\varepsilon o\upsilon$) 아들($Y\iota o\varsigma$)이시니이다"ⓛ의 줄임말이다.

바로 1세기 로마에서 크리스천들이 극심하게 박해받아 흩어졌을 때 비밀리에 만나 예배드리기 위해 모였다. 그때 크리스천인지 아닌지 확인하기 위한 암호로 이 물고기 문양이 활용되었다. 가령 한 사람이 발로 땅 위에 물고기 모양의 윗부분을 그리면 다른 사람이 다가와서 그 나머

---

⑦ 이 '$IX\Theta Y\Sigma$'를 한국에서는 '익투스'로 많이들 표기하고 있으며 그 외에도 이크투스, 이크쑤스, 이크씨스, 이크튀스, 익쒸스 등으로 표기하는 이도 있지만 '익튀스'로 표기하는 게 원어에 가깝다. 영어의 와이[Y(y)]로 대체되는 그리스어 웁실론[$Y(\upsilon)$]은 '이'가 아니라 '위'에 가깝기 때문이다.

ⓛ 마태복음 16장 16절b(원문: $\Sigma\grave{\upsilon}\ \varepsilon\tilde{\iota}\ \grave{o}\ \chi\rho\iota\sigma\tau\grave{o}\varsigma\ \grave{o}\ \upsilon\grave{\iota}\grave{o}\varsigma\ \tau o\tilde{\upsilon}\ \theta\varepsilon o\tilde{\upsilon}\ \tau o\tilde{\upsilon}\ \zeta\tilde{\omega}\nu\tau o\varsigma$).

지 아랫부분을 그렸으며 이런 약속을 통해 그들은 서로가 같은 믿음을 가진 자라는 것을 확인했다고 한다.

흔히들 우리말에서 축약과 준말을 같은 현상으로 보기도 하지만 사실은 성격상 차이가 있다. 그래서 구분해 이해할 필요가 있다.

먼저 준말은 '사이→새'처럼 단어의 일부분이, 즉 음절 수가 줄어드는 현상을 가리키는 말이다. 그러나 축약은 '가리어→가려'처럼 음절이 줄어드는 현상뿐만 아니라 '좋고→조코'처럼 음소가 줄어드는 현상까지 포함하는 개념으로 이해할 수 있다. 따라서 축약은 준말을 포함하는 개념이다.

'나의' 또는 '나이'가 '내'로 되는 것과 '너의' 또는 '너이'가 '네'로 되는 것은 준말이며 동시에 축약 현상인 것이다. 여기서는 준말과 축약에 해당하는 각각의 사례를 비교해 제시하면서 이해를 돕고자 한다.

● 준말

본딧말	→	준말
공연히	→	괜히
공연스레	→	괜스레
공연스럽다	→	괜스럽다
공연하지 않다	→	괜찮다

우리말에서 준말은 예시처럼 본딧말(본말)이 줄어든 말을 가리킨다.

준말을 한자어로 약어(略語)라고도 하는데 어두문자를 한 음절씩 따서 조합하는 약어(initial)와는 구별된다.

　감탄사 '삐약삐약'의 준말은 '빡빡'이고 명사 '부엌'의 준말은 '뷕'이다. 동사 '그만두다'의 준말은 '간두다'이고 형용사 '시원찮다'의 준말은 '션찮다'이다. 부사 '요리로'의 준말은 '욜로'이다. 요즘 이런 말이 유행하지 않는가. 특히 정치권에서 말이다. '내로남불.' 내가 하면 로맨스, 남이 하면 불륜이란 뜻으로…. 그러자 이를 본 사람들은 '복세편살'이라고 한단다. 복잡한 세상 편하게 살자!

● 축약

　축약은 자음이나 모음이 서로 만나 음소나 음절이 줄어드는 현상을 가리킨다. 축약은 자음이 서로 만나 줄어드는 자음 축약과 모음이 서로 만나 줄어드는 모음 축약으로 구분한다.

　　밥하다 → 바파다
　　받히다 → 바치다
　　국화 → 구콰
　　좋지 → 조치

　자음 'ㅂ, ㄷ, ㄱ, ㅈ'이 'ㅎ'과 만나면 'ㅍ, ㅌ, ㅋ, ㅊ'으로 줄어드는 현상을 보인다. 이를 자음 축약이라고 한다.

이야기 → 얘기
사이 → 새
아이 → 애
저 아이 → 쟤

이처럼 두 개 이상의 모음이 만나 줄어드는 현상을 모음 축약이라고
하지만 학교문법에서는 다루지 않는다. KPI

탈락/생략

．
．
．

준말과 축약을 구분해서 이해해야 한다면 마찬가지로 탈락과 생략도 구분해서 이해해야 할 것이다. 여기서는 탈락과 생략 현상을 비교해 설명하려고 한다.

탈락은 말 그대로 '없어지는' 현상이지만 생략은 '없앤다는' 성격이 짙다. '울다'가 '우는'으로 활용될 때 받침 'ㄹ'이 규칙적으로 없어지는 현상이 탈락 현상이라면 '우리의 엄마'를 '우리 엄마'처럼 화자나 필자가 문장에서 문법 요소를 의도적으로 없애는 경우는 생략에 해당한다.

● 탈락

탈락은 둘 이상의 음절이나 형태소가 결합될 때 음절이나 음운이 없어지는 언어 현상을 가리킨다. 보통 '가+아서'가 '가서'로 되는 '동음 탈락'과 '따르다'가 '따라'로 되는 '으 탈락', '돌+는'이 '도는'이 되는 'ㄹ 탈락' 등으로 설명된다.

가 + 아서 → 가서
타 + 아서 → 타서

사 + 아서 → 사서

서 + 어서 → 서서

동음 탈락의 예를 들었다. 그런데 동사 '하다'는 '하+아서→하서'가 아니라 '하+여서→하여서'가 된다. 이는 탈락 현상이 아니라 불규칙으로 활용되는 경우이다. 이를 '여 불규칙 활용'이라는 것이다. 그리고 '젓다'가 '저어서'로 될 때는 왜 '저서'로 동음탈락이 안 되느냐고 묻는다면 '젓다→젓+어서→저어서'로 활용하며 '시옷(ㅅ)'이 탈락하지만 모든 받침 시옷(ㅅ)이 규칙으로 탈락하지는 않으므로 '시옷(ㅅ) 불규칙 활용'으로 보면 된다.

따르다 → 따라

치르다 → 치러

본뜨다 → 본떠

치뜨다 → 치떠

으(ㅡ) 탈락의 예를 들어 보았다. 그런데 '이르다→이르러'는? 그렇다. 이것은 '으 탈락' 현상이 아니라 '러 불규칙 활용'이다. 그렇다면 '거르다→걸러'는? '으 탈락'도 '러 불규칙 활용'도 아닌 '르 불규칙 활용'이다.

만약 '으 탈락'과 '러 불규칙 활용', '르 불규칙 활용'이 헷갈린다면 '따이거'로 기억해 보면 어떨까! '따르다'는 '으 탈락', '이르다'는 '러 불규칙', '거르다'는 '르 불규칙' 용언이니까!

돌다

돌+시오 → 도시오

돌+읍니다 → 돕니다

돌+는구나 → 도는구나

돌+오 → 도오

이렇게 활용되는 현상을 '리을(ㄹ) 탈락'이라고 한다. 쉽게 말해 받침 리을(ㄹ) 뒤에 'ㅅ, ㅂ, ㄴ, 오'가 따르면 규칙적으로 탈락하는 현상이다. 이 규칙을 강의에서는 이렇게 설명한다.

'서방님 앞'에서는 'ㄹ'이 탈락한다!

● 생략

탈락은 형태소가 결합할 때 음절이나 음운이 없어지는 현상을 가리킨다고 했다. 반면에 생략은 문장에서 의도적으로 문법 요소를 없애는 현상을 가리킨다.

특히 입말(구어체)에서는 음절을 비롯해 형태소, 단어, 조사, 어미, 문장성분 심지어 문장까지도 생략의 대상이다. 문장을 써야 하는 자리에 말줄임표(… 또는 ……)만 쓴다면 이는 문장 생략에 해당하는 것으로 볼 수 있다. 대화할 때 예문의 괄호 속 요소는 대부분 생략한다.

1) 주격조사 생략 → 아빠(가) 오신대.
2) 서술어 생략 → 언제 (오신대)?

3) 서술어 생략 → 오늘 (오신대).

4) 보격조사 생략 → 엄마가 친구(가) 돼 줘!

5) 목적격조사 생략 → 집에서도 일(을) 하신대?

6) 관형격조사, 주격조사 생략 → 아빠(의) 생일(이) 언제지?

7) 호격조사 생략 → 아들(아), 그게 궁금하니?

8) 필수부사어 생략 → (아빠께) 직접 물어 보렴.

입말(구어체)에서는 대부분의 문법 요소를 생략할 수 있다. 그러나 글말(문어체)에서는 함부로 생략할 수 없다. 무분별하게 생략하면 비문으로 취급된다. 그렇다고 모든 요소를 넣으면 간결한 문장으로 보기 어렵게 된다.

따라서 문장에서 문법요소를 적절히 넣고 빼는 것도 교열의 일부분이다. 그래서 교열사는 오늘도 바쁘다!

본말/준말

.
.
.

● 어케, 그닥, 그치만

우리말에서 약어(略語)는 두 가지이다. 하나는 음운을 줄여 쓰는 어휘로 '준말'로 불린다. 다른 하나는 한 음절씩 뽑아 만든 어휘를 가리키는데 알파벳 표기에서 첫머리에 쓰는 문자를 조합해 쓰는 이니셜(initial)과 같은 의미이다. '션찮다'는 '시원찮다'의 약어(준말)이고 신조어 '복세편살'을 '복잡한 세상 편하게 살자'의 약어라고 했을 때이다. 그렇다고 모든 어휘나 문장을 마구 줄여 쓸 수는 없다. 표준어 규정에 따르되 표준국어대사전에 표제어로 올라 있는 준말만 표준어로 인정하면 무리가 없을 것이다. 아래 문장에서 준말 중 표준어를 찾아보자.

1) 다들 점심은 **어케** 해결 하시나요?
2) 이곳에는 맛집이 **그닥** 많지 않아요.
3) **그치만** 점심을 먹긴 먹어야지요.
4) 그 따위로 하려면 아예 **간둬라**.
5) 오늘 등산을 좀 했더니 **물팍**이 너무 아프네.

● 어케, 그닥, 그치만

"다들 점심은 **어케** 해결하시나요?" "우리 동네는 맛있게 하는 음식점이
그닥 많지 않아요." **"그치만** 무엇으로든 점심은 해결해야지요."

'어케'와 '그닥', '그치만'이 표준 표현이 아니란 것을 아는 사람은 다
안다. 그렇다. '어케'는 '어떻게'로, '그닥'은 '그다지'로, '그치만'은 '그
렇지만'으로 고쳐 써야 한다. 그래도 쓰는 사람은 있다. 의외로 많다. 입
말(구어체)에서뿐만 아니라 글말(문어체)에서도 쓰인다. 김영하의 '오
직 두 사람'(문학동네)에도 이런 문장이 나온다.

"그치만 사소한 언쟁조차 할 수 없는 모국어라니, 그게 웬 사치품이
에요?"

그런데 위 예문 4)의 '간둬라'와 5)의 '물팍'은 표준어 준말이다. '그
만두다'의 준말이 '간두다'이고 '무르팍'의 준말이 '물팍'이다.

● 비표준어 같은 준말

아래 나열한 단어를 살펴보면 언뜻 비표준어처럼 보인다. 그러나 모
두가 표준국어대사전에 올라 있는 엄연한 표준어이다. 다만 모두가 '준
말'⑦일 뿐이다. 심심할 때 본딧말을 찾아 적어보시라! 이미 알고 있는

---

⑦ '준말'의 옛말은 '혈잇말'이다.

단어도 많을 테니⋯. 아래 문장이 이해되시는지. 가능하다면 눈에 띄는 준말의 본딧말을 찾아보라.

1) 이번 결을 지나면 젤 먼저 젊은 날 백줴 저지른 잘못을 스스로 뉘욿고 낫값 좀 해야 할 텐데.
2) 낼도 저녁놀 보며 늙마에 션찮은 물팍 주무르며 담박질하듯 흘러가는 세월을 설워해야 하나.
3) 밥 먹기 앰한 시간이라 오랍과 뷀에 들어가 울 엄마가 준비해 둔 멱국과 외소박이를 반찬으로 한 끼 때웠다.

이참에 사전에 등재된 준말을 품사별로 구분해 적었다. 참고하시기 바란다.

감탄사: 꼬꾜, 박약, 빡빡, 쬠쬠, 얼쑤, 천제

명사: 결, 낫값, 낼, 놀, 늙마, 담박질, 더럼, 도랗, 두렴, 뒴, 땜, 멱, 뫼, 무섬, 물팍, 밈, 밸, 벋니, 복사, 본곳, 뷀, 사타귀, 새새, 쇤, 숨박질, 안쥔, 오랍, 외소박이, 우뭇가시, 울, 줌, 쥔, 쨈새, 첨, 틈바귀

동사: 간두다, 갈앉다, 갈치다, 관두다, 까물치다, 노늬다, 논다, 뇌다, 뉘욿다, 닺다, 더레다, 돌앉다, 들붓다, 맟다, 무뜯다, 뭉거지다, 밎다, 붓다, 빅다, 설워하다, 쌔다, 엎더지다, 움치다, 응지다, 잡매다, 줴뜯다, 줴박다, 춰올리다, 해지다, 헤나다, 헤지다, 휩쌔다, 흐늑거리다

형용사: 가느닿다, 게르다, 겔리, 겔러터지다, 멋하다, 번들하다, 션찮다, 앰하다, 야틈하다, 얼리다, 여틈하다, 잗닿다, 커닿다, 헗다

부사: 낄끼리, 넌짓, 딥다, 백줴, 비듬히, 살그니, 살그미, 슬그니, 슬그미, 욜로, 이저리, 일로, 절로, 젤, 졸로

● 준말(본딧말)

이들 준말의 본딧말이 궁금하다면 아래쪽을 확인해 보시라. 재밌잖은가('재밌다'도 '재미있다'의 준말이다).

감탄사: 꼬꼬(꼬끼오), 뱌뱍(비약비약), 뺙뺙(삐약삐약), 죔죔(죄암죄암), 얼쑤(얼씨구), 천제(천지에)

명사: 결(겨울), 낫값(나잇값), 낼(내일), 놀(노을/너울), 늙마(늘그막), 담박질(달음박질), 더럼(더러움), 도랒(도라지), 두렴(두려움), 뤔(두엄), 땜(때문), 멱(미역), 뫼(모이), 무섬(무서움), 물팍(무르팍), 밈(미음), 밸(배알), 벋니(버드렁니), 복사(복숭아), 본곳(본고장), 붴(부엌), 사타귀(사타구니), 새새(사이사이), 쇤(소인), 숨박질(숨바꼭질), 안쥔(안주인), 오랍(오라비), 외소박이(오이소박이), 우뭇가시(우뭇가사리), 울(우리), 줌(주먹), 쥔(주인), 쨈새(짜임새), 첨(처음), 틈바귀(틈바구니)

동사: 간두다(그만두다), 갈앉다(가라앉다), 갈치다(가르치다), 관두다(고만두다), 까물치다(까무러치다), 노늬다(노느이다: '노느다'의 피동형), 논다(노느다), 뇌다(놓이다), 뉘읗다(뉘우치다), 닺다(다

지다), 더레다(더럽히다), 돌앉다(돌아앉다), 들붓다(들이붓다), 맞다(마치다), 무뜯다(물어뜯다), 뭉거지다(뭉그러지다), 밎다(미치다), 붓다(부수다), 빅다(비기다), 설워하다(서러워하다), 쌔다(쌓이다), 엎더지다(엎드러지다), 움치다(움츠리다), 응지다(응어리지다), 잡매다(잡아매다), 쥐뜯다(쥐어뜯다), 쥐박다(쥐어박다), 취올리다(추어올리다), 해지다(해어지다), 헤나다(헤어나다), 헤지다(헤어지다), 휩쌔다(휩싸이다), 흐늑거리다(흐느적거리다)

형용사: 가느닿다(가느다랗다), 게르다(게으르다), 겔리(게을리), 겔러터지다(게을러터지다), 멋하다(무엇하다: '뭣하다'와 '뭐하다'도 같은 준말임), 번들하다(번드레하다), 션찮다(시원찮다), 앰하다(애매하다), 야틈하다(야트막하다), 얼리다(어울리다), 여틈하다(여트막하다), 잗닿다(잗다랗다), 커닿다(커다랗다), 헗다(헐하다: 싸다)

부사: 낄끼리(끼리끼리), 넌짓(넌지시), 딥다(들입다), 백줴(백주에), 비듬히(비스듬히), 살그니(살그머니), 살그미(살그머니), 슬그니(슬그머니), 슬그미(슬그머니), 욜로(요리로), 이저리(이리저리), 일로(이리로), 절로(저리로), 젤(제일), 졸로(조리로)

앞서 제시한 준말 섞인 문장을 본딧말로 풀어쓴 것이다.

1) 이번 겔을 지나면 젤 먼저 젊은 날 백줴 저지른 잘못을 스스로 뉘웇고 낫값 좀 해야 할 텐데.
→ 이번 겨울을 지나면 제일 먼저 젊은 날 백주에 저지른 잘못을 스스로 뉘우치고 나잇값 좀 하여야 할 터인데.

2) 낼도 저녁놀 보며 늙마에 션챦은 물팍 주무르며 담박질하듯 흘러가는
   세월을 설워해야 하나.

→ 내일도 저녁노을 보며 늘그막에 시원치 않은 무르팍 주무르며 달음박
   질하듯 흘러가는 세월을 서러워해야 하나.

3) 밥 먹기 앰한 시간이라 오랍과 뷕에 들어가 울 엄마가 준비해 둔 멱국과
   외소박이를 반찬으로 한 끼 때웠다.

→ 밥 먹기 애매한 시간이라 오라버니와 부엌에 들어가 우리 엄마가 준비해
   둔 미역국과 오이소박이를 반찬으로 한 끼 때웠다.

완곡언어/언어유희

·
·
·

"씨뿔 개뿔 시베리안허스키!"

어느 날 커피숍에서 커피를 막 한 모금 들이켜는[㉠] 순간 우연히 옆자리에서 건너온 말이다. 옆자리에 앉은 분의 목소리가 좀 커서 그랬는지 모른다. 아마도 이 말을 해 주고 싶은 대상에게 격한 감정이 일어서 그랬는지는 모르지만 아무튼 내 귀에 들어와 지금까지 맴돌고 있다. 단 한 번만 듣고도 정확히 기억할 수 있게 된 것이다. 이래서 아이들이 욕을 먼저 배우게 되는구나 싶었다.

그런데 요즘 들어 완곡언어를 사용하는 건지, 파괴언어인지 구분이 어려운 표현이 오가는 현장을 가끔 목격하게 된다. 듣고 보면 기분이 좀 씁쓸하다. 참을 수 없이 욕을 퍼붓고 싶은 상황에서 대놓고 욕을 할 수는 없어서 표현을 살짝 바꿔 내뱉지만 그래도 욕은 욕이다. 완곡언어로 보기는 어렵다. 대화 상대가 욕으로 듣기 때문이다.

말은 내 입에서 떠나면 이미 내 것이 아니다. 그런데 내 말을 받은 남

㉠ '들이켜다'는 마시다는 뜻이고 '들이키다'는 안쪽으로 가까이 옮긴다는 뜻이다.

들은 좋은 말이면 자기 것으로 삼지만 나쁜 말이면 악담을 얹어 다시 내게로 돌려버린다.

대화할 때 듣는 사람의 기분을 상하지 않게 배려하는 것도 미덕에 속한다. 또 같은 말이라도 상대방이 재미있게 듣고 이해하도록 하는 능력도 대화 기술에 속한다. 전자를 '완곡언어'라고 한다면 후자는 '언어유희'에 해당할 것이다.

완곡언어는 대화 상대가 마음 언짢지 않게, 언어유희는 대화 상대가 즐겁게 듣게 하는 효과가 있다. 완곡언어와 언어유희를 제대로 활용하는 사람과 대화해 보면 맛깔나는 말솜씨가 한결 돋보인다.

그런데 요즘 들어 완곡언어를 사용하는 건지, 파괴 언어인지 구분이 어려운 표현이 오가는 현장을 가끔 목격하게 된다. 듣고 보면 기분이 좀 씁쓸하다. 얼핏 본 TV 개그프로에서 '시발남아(時發男娥)'라는 표현을 내놓고 '때가 되면 떠날 줄 아는 아름다운 남자'라고 해석했다. 참을 수 없이 욕을 퍼붓고 싶은 상황에서 대놓고 욕을 할 수는 없어서 표현을 살짝 바꿔 내뱉는 표현일 것이다. 그래도 욕은 욕이다. 완곡언어로 보기는 어렵다. 인터넷에서 나돌고 있는 다음과 같은 표현도 마찬가지이다.

1) 씨베리아벌판에서 수박 씨발라먹은 무지 개호랑나비 같은….
2) 이 씨지브이…안젤리나 졸리 짜증나네요.
3) 잣 까고 있네.
4) 20끼 형아 족벵이(족발 쟁반국수) 맛있는 녀석들.
5) 싸이판 쉐이크야!
6) 아저씨발냄새!

이처럼 완곡하게 표현해도 욕은 욕이다. 대화 상대가 욕으로 듣기 때문이다.

몹시 추운 겨울날 김삿갓이 어느 서당에 든다. 하룻밤 재워 달라고 청한다. 하지만 미친 사람 취급당하고 쫓겨난다. 화가 치민 김삿갓이 시를 하나 써 붙여 두고 자리를 뜨는데…. 차마 입으로 전하기는 좀 그런 표현이다. 그래서 한자로만 적는다. 독자들이 알아서 읽으시길…. 강원도 영월에 있는 '김삿갓 전시관'에서 옮겨 적은 '욕설모서당(辱說某書堂)'⊙이란 제목의 오행시이다.

書堂來早知	서당을 일찍부터 알고 왔는데
房中皆尊物	방안엔 모두 높은 분들뿐이고
生徒諸未十	학생은 모두 열 명도 안 되는데
先生來不謁	선생은 찾아와 보지도 않네

한문 오행시의 음과 훈을 묘하게 조화한 김삿갓의 언어 감각에는 혀를 내두를 만하다. 그러나 김삿갓이 욕을 내뱉고 간 건 분명하다. 욕은 아무리 언어유희 과정을 거쳐도 욕으로 남는다.

완곡언어란 말 대신 요즘은 언어 순화 또는 신 용어라는 개념으로 표현을 달리해 쓰도록 권고하고 있다.

⊙ 이 한시를 우리말로 옮기면 심한 욕으로 들리기에 음을 달지 않았다.

어안/어처구니

·
·
·

　어느 날 쥐가 양반집 바깥주인 모습으로 변신해서 아내에게 나타난다. **어안이 벙벙해진** 아내는 똑같이 생긴 두 남자 가운데서 자기 사람을 선택해야 하는데…. 하필 변신한 쥐를 선택하게 될 줄이야! 그래서 어처구니없게도 진짜 남편을 광에 처넣고 그녀는 쥐와 함께 살게 된다. 어느 도승이 지나가는 길에 그 남자를 보고 단번에 쥐라는 사실을 알고 다시 원래대로 만들어 버린다. 그제야 남편이 바뀐 사실을 알게 된 아내는 광으로 달려가 남편을 데리고 나온다. 화가 잔뜩 난 남편은 며칠간이지만 쥐와 함께 밤을 보낸 아내에게 이렇게 분통을 터뜨렸다고 한다. "야 ××아, 너는 남편의 'ㅈ'도 모르고 쥐의 'ㅈ'도 모르냐?" 그 후 차마 남자 생식기를 직접적으로 입에 올리기 뭣하니까 그냥 '쥐뿔'로 하게 됐다는, 믿거나 말거나 한 어원 이야기….

　사실 우리말의 어원을 탐색해 보면 쏠쏠한 재미를 맛볼 수 있다. 좀 속된 표현이긴 하지만 '쥐뿔도 모르다' 또는 '개뿔도 모르다' 같은 관용적 표현에서 '쥐뿔'이나 '개뿔'이 왜 쓰이게 되었는지 궁금할 때 흘러 다니는 어원을 주워들으면 흥미롭다. 쥐나 개의 머리통을 아무리 살펴봐도 뿔은 없고 귀만 있는데 '쥐뿔', '개뿔'이라니….

이해하기 어려울 만큼 황당한 일이 벌어지면 보통 '어안이 벙벙하다' 또는 '어이없다', '어처구니없다'라는 말을 쉽게 사용한다. 이런 표현이 자주 쓰이다 보니 도대체 '어안'은 무슨 뜻이며 '어이'와 '어처구니'는 무슨 뜻일까 하는 궁금증이 생기기도 한다.

'어안이 벙벙하다'와 '어이없다, 어처구니없다'에 포함된 어휘를 표준국어대사전에서 찾아보면 다음과 같은 뜻풀이가 달려 있다.

1) 어안: 어이없어 말을 못 하고 있는 혀 안.
2) 어안이 벙벙하다: 뜻밖에 놀랍거나 기막힌 일을 당하여 어리둥절하다.
3) 어이: (주로 '없다'와 함께 쓰여) =어처구니.
4) 어이없다: 어처구니없다.
5) 어처구니: (주로 '없다'의 앞에 쓰여) 엄청나게 큰 사람이나 사물.
6) 어처구니없다: 일이 너무 뜻밖이어서 기가 막히는 듯하다.

따라서 '어안'이 '혀 안'을 가리킨다는 말은 근거가 있지만 '어이'가 '어의(御衣: 임금의 옷)'에서 왔다거나 '어처구니'가 맷돌의 손잡이 또는 아래위 돌의 중심을 잡아주는 철심이라든지 '잡상(雜像: 지붕 위 네 귀에 여러 가지 신상을 새겨 얹는 장식 기와)'이라는 말은 사실 근거가 명확하지 않다.

어안이 혀 안을 가리키지만 합성어로 보지는 않는다. 그래서 어안의 '어'가 바로 '혀'를 의미한다고 볼 수는 없다. 다만 '안'은 일정 범위의 안쪽을 의미한다고 볼 수 있겠다.

'안'은 '어떤 물체나 공간의 둘러싸인 가에서 가운데로 향한 쪽. 또는 그런 곳이나 부분'을 뜻하는 명사이다. 이 '안'이 다른 명사와 결합돼 마치 접사처럼 붙여 쓰이는 경우가 많다. 예를 들면 가슴안, 머리뼈안, 배안, 손안, 입안, 코안처럼 사람의 몸 안에서 일정 공간을 가리킬 때 쓰이기도 한다. 원래 '안'은 '앓'에서 왔기에 안과 밖을 아울러 이르는 말은 '안팎'이 된 것이다.

7) 가슴안, 머리뼈안, 배안, 손안, 입안, 코안

구세안(배의 덕판과 바닥 사이), 돌구멍안(돌 성문 안), 들안(들판의 안), 뒤울안(뒤란의 원말), 문안(4대문 안), 새문안(신문로 일대), 얼안(테두리 안), 울안(울타리 안)처럼 경계 안쪽을 이를 때 쓰이기도 한다.

8) 구세안, 돌구멍안, 들안, 뒤울안, 문안, 새문안, 얼안, 울안

집안(가족공동체 또는 일가)처럼 공동체를 가리킬 때도 쓰이고 해안(해가 떠 있는 동안)처럼 일정 기간을 뜻할 때 쓰이기도 한다.

9) 집안, 해안

이렇다 보니 '배안 속'이라는 표현과 '배안 안'처럼 마치 겹말 같은 표현이 가능하게 된다. 내장(內臟)은 '척추동물의 가슴안이나 배안 속에 있는 여러 가지 기관을 통틀어 이르는 말'이며 복강경(腹腔鏡)의 뜻풀이는 '배안과 배안 안의 장기를 검사하기 위한 내시경'이다.

다 쓴 글도
다시 보자

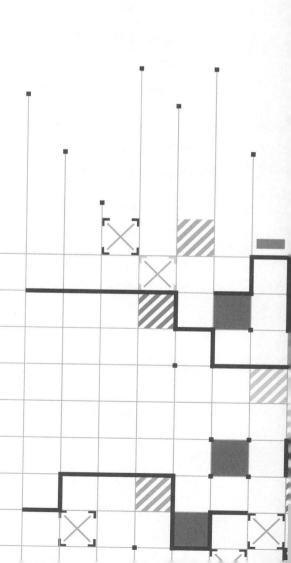

.
.
.

두 얼굴 또는 세 얼굴이라는 표현은 '두 얼굴의 사나이(The Incredible Hulk)', '이브의 세 얼굴(Three Faces of Eve)'처럼 영화의 소재로 많이 사용되는 다중인격장애를 가리킬 때 많이 쓰인다. 영화 〈23 아이덴티티(원제 'Split')〉에서는 주인공이 23개의 인격을 지닌 것으로 나온다.

여기서는 '-르다'로 끝나는 형태의 용언이 활용될 때 3가지 모습으로 나타난다고 해서 세 얼굴이란 표현을 써 봤다. 이 세 얼굴은 바로 '으 탈락'과 '러불규칙', '르불규칙' 활용이다.

여기서 제시하는 한 가지 키(key)만 입안에 담아 두면 도움이 될 것이다. 지금 입안에서 몇 번만 반복해 굴려 보자. "따이거, 따이거, 따이거"라고….

따
이
거

따르다, 이르다, 거르다의 첫 글자를 딴 것이다.

따	따르다
이	이르다(=닿다)
거	거르다

이들 세 단어가 어떻게 활용되는지 살펴보자.

따	따르다	따라
이	이르다	이르러
거	거르다	걸러

활용되는 구조를 살피면 구분이 가능하다.

따	따르다	따라	르→라
이	이르다	이르러	르→르러
거	거르다	걸러	르→르러

3가지 활용을 구분해 보자.

따	따르다	따라	르→라	으탈락
이	이르다	이르러	르→르러	러불규칙
거	거르다	걸러	르→르러	르불규칙

마지막으로 다른 예도 들어 보자.

따	따르다	따라	르→라	으탈락	들르다 →들러
이	이르다	이르러	르→르러	러불규칙	푸르다 →푸르러
거	거르다	걸러	르→ㄹ러	르불규칙	구르다 →굴러

그래도 헷갈린다면 처음부터 다시 살펴보자.

'따르다'가 '따라'로 활용되는 것은 '으탈락', '이르다'가 '이르러'로 활용되는 것은 '러불규칙', '거르다'가 '걸러'로 활용되는 것은 '르불규칙'으로 보면 된다. 꼭 기억하자! '따이거!'

처녑/천엽/백엽

.
.
.

1) 천엽이 변하여 처녑이 되었다.
2) 천엽이 아니라 처녑이다(소 내장의 일부, 술안주로 쓰임).
3) 백과사전을 찾아보니 천엽이 아니라 처녑으로 표기가 되었다.
4) 꽃을 말할 때는 천엽, 소의 위를 가리킬 때는 천엽이 아닌 처녑이 맞는 말이다.
5) 천엽이 아니라 처녑이 맞다. 두산백과에 보면 처녑은 소나 양, 사슴 등의 반추동물의 제3위(胃)를 말하는 것이다.

　인터넷 포털사이트에서 '처녑'이나 '천엽' 또는 '처녑 천엽'을 검색어로 입력하면 이 같은 정보가 많이 노출된다. 과연 이들 정보대로 '천엽'은 틀린 말이고 '처녑'만 맞는 말일까?

　결론부터 얘기하면 현행 표준국어대사전에는 '처녑'과 '천엽(千葉)' 둘 다 표준어로 인정하고 있다. 이 둘뿐 아니라 '백엽(百葉)'도 표준어로 인정하고 있다. 표준국어대사전이 틀렸다는 명백한 근거가 없는 한 받아들여야 할 것이다. 심지어 어느 지방자치단체 웹사이트에 올라 있는 글에서처럼 근거 없는 정보까지 등장하고 있다.

"원래 한자는 천엽(千葉)이지만, 주책(主着)처럼 변한 음을 표준어로 삼으므로 천엽은 틀린 말이 되지요."

한자어로 형성된 말이 변화돼 쓰인다고 해서 반드시 한자말은 버리고 음이 변한 말만 표준어로 삼는 건 아니다. 한자어로 형성된 말의 음이 변하여 쓰일 때 보통 세 가지로 분류된다.

1) 원래 한자어 단어를 '원말'로, 변화돼 쓰이는 단어를 '변한말'로 분류한다. 예를 들면 '설마(雪馬)'는 원말이며 '썰매'는 변한말이다. 변한말을 표준어로 삼는다.

2) 한자어 단어를 아예 비표준어로, 변하여 쓰이는 말을 표준어로 분류한다. '주착(主着)'은 비표준어로, '주책'을 표준어로 삼는 경우가 이에 해당한다.

3) 두 가지 모두 표준어로 인정하는 경우가 있다. 바로 '천엽(千葉)'과 '처녑'이 여기에 해당한다. '겸연(慊然)쩍다'와 '계면쩍다', '장지(醬漬)'와 '장아찌'도 같은 경우에 해당한다.

처녑도, 천엽도, 백엽도 모두 표준어이다! 그러니 맛있게 드시면서 처녑이 맞느니, 천엽이 맞느니 너무 우기지 마시라. 처녑 맛도 천엽 맛도 다 떨어질 테니….

．
．
．

● **과유불급**

> 자공이 공자에게 물었다(子貢問).[⊙]
>
> 자공: '사'와 '상' 중 누가 더 어진 사람입니까(師與商也孰賢)?
>
> 공자: '사'는 지나치고 '상'은 미치지 못한다(師也過, 商也不及).
>
> 자공: 그럼 '사'가 낫단 말씀입니까(然則師愈與)?
>
> 공자: 지나친 것은 미치지 못한 것과 같다(過猶不及).

이 대화에서 '과유불급(過猶不及)'이라는 사자성어가 유래했다고 한다. '지나친 것은 미치지 못함과 같다.' 교열하기 위해 펼친 원고에서 가끔 이 사자성어가 입속에 맴돌 때가 있다. 의외로 좀 많은 편이다.

필자가 과유불급이라고 생각하는 표현은 ①문자부호 쉼표(,) ②부사 '및' ③번역체 표현 '~대하여/대한' 등 3가지이다.

⊙《논어》〈선진편(先進篇)〉.

● 문장부호 쉼표(,)

　문장부호를 쓰는 목적은 '문장의 구조를 드러내거나 글쓴이의 의도를 전달'하기 위함이다. 뒤집어 얘기하면 문장부호를 잘못 쓰면 문장 구조가 망가지거나 독자에게 글쓴이의 의도가 제대로 전달되지 못하는 결과를 빚게 된다.

　따라서 문장부호를 아예 쓰지 않거나 너무 많이 쓰게 되면 이런 결과가 나타난다. 중요한 것은 용법에 맞게 적당히 써야 한다는 것이다. 아래 두 문장을 비교해 보자.

> 1) 그런데, 문장부호란, 적절한 곳에, 적당히 쓰는 게 바람직하고, 너무 많이 쓰면, 오히려 독자의 가독성을 해친다.

> 2) 그런데 문장부호란 적절한 곳에 적당히 쓰는 게 바람직하고 너무 많이 쓰면 오히려 독자의 가독성을 해친다.

　지나친 쉼표 사용은 쓰지 않는 것과 같은 게 아니라 차라리 아예 안 쓰는 것보다 못할 수도 있다. 특히 문장부사(그런데)나 조사(에), 연결 어미(-고/-면)에는 쉼표 사용을 자제하는 습관이 필요하다. 쉼표는 말 그대로 독자가 문장을 읽을 때 '쉬는' 부분을 표시하는 도구이다.

　한 문장을 읽으면서 몇 번이나 쉬게 만들면 당연히 가독성을 방해하게 된다. 쉼표는 단어와 구, 절을 나열할 때 쓰는 것이 바람직하다. 그리고 독자가 의미 이해에 혼동을 줄 수 있는 부분에만 사용하는 것이 좋을 것이다.

🔴 부사 '및'

　접속조사 '와/과'를 써야 할 자리에 '및'을 많이 쓰는 습관도 그리 좋은 습관은 아니다. 아래 문장은 '및'뿐만 아니라 쉼표(,)도 많이 들어 있는 문장이다. 예시문과 수정문을 비교해 보자.

　　3) 지원단은 그 준거법 **및** 외국인 투자, 대외투자 관련 법률에 따라, 외국에 대한 대부 **및** 신용 연장 등 대외 자금조달, 국제적 차입, 타국 및 지역 **및** 국제 경제 **및** 금융기관과 관계 조정 **및** 확대 등 업무를 수행한다.

　　4) 지원단은 그 준거법**을 비롯해** 외국인 투자와 대외투자 관련 법률에 따라 해외 대부**와** 신용 연장 등 대외 자금조달 업무를 수행한다. 그리고 국제 차입, 타국·지역·국제 경제, 금융기관과 관계를 조정**하고** 확대하는 업무를 수행한다.

🔴 번역체 표현 '~에 대해/대한'

　외국 서적을 번역하는 과정에서 나타나는 습관적인 표현이 우리말 글쓰기에도 많이 등장한다. 엄밀히 말해 이 같은 번역체 표현을 모두 비문법 표현이라고 단정할 수는 없다. 다만 지나치게, 습관적으로 많이 쓰인다는 데 문제가 있다. 심지어 한 문장에서 같은 번역체 표현이 반복해 쓰인다면 문제가 아니겠는가. 그 대표적인 번역체 표현이 '~에 대하여(대해)'와 '~에 대한'이다.

5) 반면에 진료비**에 대한** 지원**에 대해** 전혀 기대할 수 없었던 A집단의 일부는 진료비**에 대한** 부담 자체를 느끼지 않았다고 진술하기도 하였다.

번역체로 볼 수 있는 표현은 의외로 많다. 그중에서도 '~에 대하여(대해)'와 '~에 대한'이 특히 보고서나 논문에서 가장 많이 나타난다. 이런 표현은 번역 과정에서 'of'나 'about', 'for' 같은 영어 전치사의 직역으로 보이기에 번역체 또는 번역투 표현이라고 하는 것이다. 이를 두고 어떤 이는 '표현의 다양화'라고 미화하기도 하지만 말이 안 된다. 오히려 아름다운 우리말의 조사나 어미 표현을 삼킨다고 해도 과언이 아니다. 문장을 직접 보면 동의하리라 본다.

6) 반면에 의료비**에 대한** 지원**에 대해** 전혀 기대할 수 없었다.
   → 반면에 의료비 지원은 전혀 기대할 수 없었다.

7) 일부는 진료비**에 대한** 부담 자체를 느끼지 않았다고 진술하기도 하였다.
   → 일부는 진료비 부담 자체를 느끼지 않았다고 진술하기도 하였다.

이처럼 의미 손상 없이 간결한 문장으로 바꿀 수 있다. 꼭 기억하자! 글을 잘 쓰는 사람일수록 번역체 표현을 쓰지 않는다. 잘 쓴 글에는 번역체 표현이 보이지 않는다는 말이다.

과유불급이라 했다. 넘침은 모자람과 같다고 했다. 때로는 넘침이 모자람보다 못할 때가 많다. 쉼표(,)와 '및' 그리고 '~에 대해/대한'에도 해당하는 말일 것이다! _{KPI}

화/적/들

　　·
　　·
　　·

　　전화금융사기(보이스피싱) 범죄단은 보통 대출 광고를 낸 뒤 대출이 필요하다고 접근하는 사람에게 신분증과 계좌번호를 요구한다. 그 계좌는 보이스피싱에 걸려든 사람이 입금하는 돈을 보관하는 계좌로 사용된다고 한다.

　　이런 사실을 잘 알고 있는 두 사람이 페이스북에 게시된 대출 광고를 보는 순간 보이스피싱 범죄단이라는 사실을 직감하고 의도적으로 접근했다. 이들은 범죄단에 연락을 취해 대출이 필요한 척하면서 신분증과 계좌번호를 넘겼다.

　　그 사이 어떤 사람이 "만약 돈을 입금하지 않으면 카드가 압류된다."라는 보이스피싱 범죄단에 속아 수백만 원을 입금하자 예상대로 그 돈이 두 사람이 넘긴 계좌에 입금되었다. 그들은 그 돈을 고스란히 인출하는 데 성공했다. 그러나 얼마 지나지 않아 경찰 수사망에 걸려 실형을 선고받았다. 이 사건은 우리나라에서 2019년에 실제 벌어진 일이다.

　　이 사건에 딱 들어맞는 속담이 "화적 봇짐 털어 먹는다."이다. 이 속담은 보이스피싱 범죄단보다 한 수 더 떠 사기 행각을 벌인 이 두 사람에게 적절한 표현으로 어쩌면 "나는 놈 위에 타는 놈 있다."나 "뛰는 놈 위에 나는 놈 있다."보다 강도가 훨씬 높아 보인다.

제목이 '화적들'이라니 좀 그렇다. 화적(火賊)이란 '떼를 지어 돌아다니며 재물을 마구 빼앗는 사람들의 무리'라는 게 사전적 정의이다. '불한당'과 같은 말이다. 요즘의 '조폭'과는 성격이 좀 다르긴 하지만 떼로 몰려 선하지 않은 일을 한다는 데는 맥을 같이한다. 여기서는 불한당 화적들이 아니라 문서를 교열할 때 자주 교열사의 눈에 밟히는 접미사 '-화(化)'와 '-적(的)', '-들'을 나무라고 싶은 것이다.

수많은 글을 교열하다 보면 접미사에 해당하는 '-화'나 '-적', '-들'을 자주 만난다. 이들 접미사를 아예 안 쓰는 사람도 있고 가끔 쓰는 사람도 있지만 면마다 습관처럼 즐비하게 쓰는 사람도 많다.

결론을 얘기하면 교열하는 사람으로서 접미사 '-화, -적, -들'을 안 쓸 수는 없지만 가급적 적게 쓸 것을 권하고 싶다. 좀 '있어' 보이라고 쓰는 경우이지만 사실은 좀 '없어' 보인다. '-화, -적, -들'은 모두 파생어를 만드는 접미사이다. 이런 접미사가 덕지덕지 붙은 말이 연이어 나오면 읽는 이들이 불편을 느끼는 건 당연하다.

이어 '-화'와 '-적', '-들'을 차례로 살피면서 예문을 들어 문제를 파악하고 대안을 제시할 것이다. 옛사람들이 '화적들'을 피하듯 오늘날 글을 쓰는 사람들도 '화적들'을 피해 문장을 간결하게 만들어 보자. 피할 수만 있다면…. 🖊

-화(化)

.
.
.

　'버그새우견과류 볶음, 버그소시지꼬치, 버그참깨푸딩….'

　곤충요리 전문가인 최수근(경희대) 교수와 김수희(경민대) 교수가 곤충과 애벌레를 재료로 개발한 식품이라고 한다.[가] 이름에 '버그…'라고 했으니 그렇지 아무리 식품이라 해도 '벌레…'라고 지었으면 이름을 보는 순간 입에 넣기가 쉽지는 않을 것이다. 원래 식품이 아니었기 때문일 것이다.

　식품으로 분류되지 않은 것을 식품으로 가치를 부여한 것을 '식품'에다 접미사 '-화'를 붙여 '식품화'라고 하는 것이다. 정보로 분류되지 않은 것을 정보로 가치를 부여하는 것을 정보화라 하는 것과 같은 이치이다.

　접미사 '-화(化)'는 일부 명사 뒤에 붙어 '그렇게 만들거나 됨'의 뜻을 더하는 접미사이다. '사회화', '정보화'처럼 대부분 우리말 명사와 결합돼 파생어를 만들지만 화학, 생물, 건축, 약학, 공학, 컴퓨터 분야

[가] 연합뉴스 2014년 10월 29일 기사에서 발췌한 내용이다.

.
.
.

필자가 중학생 시절인 1960년대 후반에 '국민교육헌장'이 선포됐다. 국민교육헌장은 교실 칠판 옆에 큼지막하게 붙여졌다. 그리고 모든 학생이 외워야 했고 무슨 식이 열릴 때마다 국민교육헌장이 낭독됐다. 그땐 그랬다.

'나랏말싸미 듕귁에 달아…'로 시작되는 훈민정음 서문처럼, '오등은 자에 아 조선의 독립국임과…'로 시작하는 독립선언문처럼, '우리는 민족중흥의 역사적 사명을 띠고…'로 시작되는 국민교육헌장을 달달 외웠다. 1968년에 발표된 국민교육헌장의 첫 문장에 나오는 '역사적'의 '-적(的)'을 좀 생각해 보려 한다.

국민교육헌장의 첫 문장을 재미 삼아 '네이버 파파고'에 올려 번역을 요구해 보았다.

우리는 민족중흥의 **역사적** 사명을 띠고 이 땅에 태어났다.

1) We were born on this ground to have some historical mission of the national restoration.
2) 私たちは民族中興の歷史的(てき)使命を帶びてこの地に生まれた。

3) 我们带着民族振兴的历史使命出生在这片土地上。

그리고 임의로 만든 문장을 하나 더 올려 번역 결과를 얻었다.

이 수치는 수집된 자료를 **산술적**으로 분석한 결과이다.

4) The figures are the result of an arithmetic analysis of the collected data.
5) この数値は収集された資料を算術的(てき)に分析した結果である。
6) 该数据是根据收集数据的数据进行统计得出的结果。

우리말에서 '-적'은 영어의 '-ic(예: economic, dramatic)'이나 '-ical(예: economical, musical)', 일본어의 '-てき(的)', 중국어의 '-的(de)'와 쓰임이 거의 같다. '-적'(한국어), '-틱'(영어), '-테키'(일본어), '-더'(중국어)처럼 공교롭게도 발음 또한 비슷하다. 그래서인지 '-적'이란 접미사가 우리말로 쉽게 들어온 듯하다.

'-적'은 체언과 결합해 문장에서 주로 부사, 관형사, 명사 기능을 하는 세 가지 유형의 파생어를 만드는 접미사이다.

7) **비교적** 아름다운 그녀의 **고혹적** 눈매가 **매력적**이다.

– '**비교적**'은 '아름다운'을 수식하는 부사이다.
– '**고혹적**'은 '눈매'를 수식하는 관형사이다.
– '**매력적**'은 조사 '이다'와 결합한 명사이다.

이 '-적'도 '-화'처럼 안 쓸 수는 없으나 지나치거나 잘못 쓰이면 문서의 품질을 해친다. 그러므로 다음 예문을 살피면서 되도록 적게 쓰되 꼭 써야 한다면 바르게 쓰기를 희망한다.

● 지나치게 많이 쓰인 문장

8) **자체적**인 평가를 보면 **대체적**으로 사업을 통해서 나타나는 **객관적**인 기준을 토대로 **상세적**으로 응답하는 경향이 높다.

● 우리말답지 않은 조어

9) 이건 **분위기적**으로 다르죠.
10) **몸적**으로나 **마음적**으로 피곤하죠.
11) **재미적** 요소를 가미한 게임입니다.
12) **장난적**이거나 **비난적** 답변 사양합니다.

● 외래어와 결합

13) **시스템적** 사고는 작지만 적절한 행동만으로도 지속적인 개선을 이룬다.
14) **알고리즘적** 인간은 하나씩 하나씩 철저하게 대응하는 데 능하다.
15) 혹시 재고관리에 **프로그램적**인 문제가 있는지 검토해 보자.
16) 이것을 **데이터적**인 관점으로 수용한다면 가능합니다.

'-적'이 외국에서 '들어온 말'이라고 해서 쓰면 안 된다고 단정적으로 말할 수는 없다. 하지만 지나치게 많이 쓰게 되면 문제가 되는 것은 분명하다. 남용하는 것도 문제이지만 외래어와 결합해 쓰는 것 또한 문제이다. 그러므로 되도록이면 피하자. 피할 수만 있다면…. KPI

-들

2020년 현재 표준국어대사전에 표제어로 올라 있는 접사는 모두 500개가 넘는다. 그중에서 접두사가 170여 개, 접미사는 340여 개다.

파생어란 어근이나 단어가 접사와 결합된 복합어를 가리킨다. 접사는 접두사와 접미사로 구분된다. 접두사는 '맨손'의 '맨-', '들볶다'의 '들-', '시퍼렇다'의 '시-'처럼 단어나 어근 앞에 붙는 접사를 가리키며 접미사는 '선생님'의 '-님', '먹보'의 '-보', '지우개'의 '-개', '먹히다'의 '-히-'처럼 단어나 어근의 뒤에 붙는 접사를 가리킨다.

국어사전에는 파생어가 모두 올라 있지는 않다. 접사 중에서도 복수의 뜻을 더하는 '-들'은 거의 올라 있지 않다. '-들'이라고는 도스토옙스키의 소설 '가난한 사람들'과 박경리의 소설 '김약국의 딸들' 두 개만 달랑 올라 있을 뿐이다.

● 우리말에서는 접미사 '-들'을 반드시 써야 하는 경우는 거의 없다.

우리말은 영미어와 달리 성, 수, 격, 시제의 일치가 규칙화돼 있지 않기 때문이다. 아래 문장을 영어로 번역하면 어떤 결과가 나올까?

1) 여러 학교들에서 10여 명의 교사들이 30여 명의 학생들을 데리고 서울의 문화재들을 둘러보았다.

구글 번역기에 돌렸더니 이렇게 번역해 내놓았다.

2) More than 10 teachers from several schools took over 30 students and visited the cultural assets of Seoul.

그렇다면 접사 '-들'을 제거하고 다듬은 아래 문장을 번역기에 돌리면 과연 영어 문장에서도 복수 표현(-s)이 사라질까?

3) 여러 학교에서 교사 10여 명이 학생 30여 명을 데리고 서울의 문화재를 둘러보았다.

궁금하다면 직접 실험해 보시라. '-들'을 제거한 문장도 거의 비슷한 번역문을 얻게 될 것이다.

4) More than 10 teachers from various schools took 30 students and visited the cultural assets of Seoul.

그럼에도 번역하면서 단어 끝에 '-s'만 보이면 무조건 '-들'을 넣어 번역할 것인가?

● 문장에 이미 복수의 뜻을 더하는 표현이 드러나 있으면 굳이 '-들'을 써야 할 이유가 없다.

　모든, 여러, 다양한, 몇몇, 수많은, 수없는, 곳곳에, 여기저기, 대부분 같은 표현 또는 정확한 수치 표현과 함께 쓰이는 말에는 '-들'을 쓰지 않는 것이 바람직하다. 그럼에도 '-들'을 넣으면 간결한 문장을 기대하기는 힘들게 된다.

　　5) 여러 가지 **방법들**을 동원해 여러 **현안들**을 해결하려는 다양한 **시도들**을 보였다.
　　6) 여러 가지 **방법을** 동원하여 여러 **현안을** 해결하려는 다양한 **시도를** 보였다.

　　7) 이 학교의 **학생들** 10여 명이 우르르 도서관으로 몰려가 이웃 **학교들**의 많은 **학생들**과 함께 **책들**을 읽기 시작했다.
　　8) 이 학교의 **학생** 10여 명이 우르르 도서관으로 몰려가 이웃 **학교의** 많은 **학생과** 함께 **책을** 읽기 시작했다.

● 수치를 나타내는 관형어를 주어로 만드는 것도 '-들'을 피하는 방법이다.

　　9) **500여 명의** 주민들이 지방자치단체로 몰려가 항의하는 모습을 보였다.
　　10) 주민 **500여 명이** 지방자치단체로 몰려가 항의하는 모습을 보였다.

● 무리를 뜻하는 말에는 '-들'을 쓰지 않는 것이 바람직하다.

'-중(衆)', '-진(陣)', '-민(民)', '-객(客)' 같은 '무리'를 뜻하는 말에는 '-들'을 쓰지 않아야 자연스러운 표현이 된다.

11) 그 보고서는 앞머리에서 **필진들**의 **약력들**을 소개하고 있다.
12) 그 보고서는 앞머리에서 **필진**의 **약력**을 소개하고 있다.

13) **정치인들**은 **국민들**의 **정서들**을 이해해야 한다.
14) **정치인**은 **국민**의 **정서**를 이해해야 한다.

● 물질명사가 아니라도 개수를 헤아려 세는 의미가 불분명한 단어에는 '-들'을 넣을 이유가 없다.

여기에 해당하는 단어는 경력, 정보, 자료, 문서, 서류, 동물, 식물, 인간, 환경, 목적, 계획 등 수없이 많다.

15) 수집된 **정보들**을 분석하고 분류한 **자료들**을 데이터베이스화해 관리하고 있다.
16) 수집된 **정보**를 분석하고 분류한 **자료**를 데이터베이스화해 관리하고 있다.

복수의 뜻을 더하는 접미사 '-들'을 많이 쓴 문장은 가독성이 떨어지게 마련이다. '-들'만 줄여도 훨씬 간결한 문장을 쓸 수 있을 것이다.

문서에서 필자가 접미사 '들'을 많이 쓰는 것은 습관에서 비롯되는 것임을 파악했다. 접미사 '들'을 아예 안 쓰는 필자도 많이 보았다. 그들의 글은 간결하고 깔끔했다. 아예 안 쓰기가 어렵다면 이제부터라도 줄여 나가기를 권한다. 남의 글만 수없이 봐 온 경험이 무시당하지 않았으면 하는 간절한 바람으로 호소한다! 🖊️

.
.
.

　여름 캠프에서 열두 살짜리 두 소녀가 펜싱 대결을 벌인다. 대결이 끝나고 펜싱마스크를 벗은 뒤 서로 쳐다보면서 둘 다 깜짝 놀란다. 서로 닮아도 너무 닮았기 때문이다. 캘리포니아에서 포도농장을 경영하는 아빠와 함께 사는 할리 파커 그리고 런던에서 웨딩드레스 디자이너인 엄마와 살고 있는 애니 제임스는 그렇게 처음 만난다.

　각자 가지고 있던 찢어진 사진을 맞춰 보면서 두 소녀는 자매임을, 그것도 쌍둥이 자매임을 확신하게 된다. 아빠를 그리워하는 애니와 엄마를 그리워하는 할리는 서로 바꿔 귀가하기로 한다. 이혼한 뒤 11년이 지난 엄마와 아빠의 재결합을 위한 작전을 펼친 것이다.

　그리고 애니는 미국 캘리포니아 아빠 곁으로, 할리는 영국 런던 엄마 곁으로 가서 각각 그동안 느끼지 못했던 엄마와 아빠의 빈자리를 서로 차지하며 행복해한다. 할리와 만난 엄마도, 애니와 만난 아빠도 바뀐 사실을 알아차리지 못한다. 그런데 할리로 변신하고 캘리포니아 아빠에게 간 애니가 딱 걸리고 만다. 바로 할리 집에서 기르는 애견 새미에게는 여지없이 들통 나고 만다. 새미가 계속 짖어댄다. 그것을 눈치챈 집사 케시에게 애니는 자신이 할리가 아니라 애니라고 고백하게 된다.

감동적인 가족 영화 〈페어런트 트랩(The Parent Trap, 1998)〉의 앞부분 줄거리이다.

개의 후각 수준은 사람의 1만 배나 되고 사람은 감각 중 70%를 시각에 의지하는 반면에 개는 50% 이상을 후각에 의지한다고 한다. 그러니 사람은 일란성쌍둥이를 구별하지 못해도 개는 정확히 구별하는 것이다. 개는 절대로 헷갈리지 않는다는 말이다. 사람의 감각에는 한계가 있기 때문에 헷갈리는 게 많다. 문법을 배워 보면 어느 수준에 이르기 전까지는 참 많이 헷갈린다.

흔히 쓰는 단어 중에 '섞갈리다'와 '헛갈리다', '헷갈리다' 이 세 단어의 의미가 헷갈릴 것이다. 먼저 헷갈리는 이 세 단어의 사전 뜻풀이를 살펴보면 의미 차이가 거의 없다. 비슷하거나 똑같다. 갈피를 잡을 수 없도록 뒤섞여 혼란스럽다면 섞갈리다를 쓰든, 헛갈리다를 쓰든, 헷갈리다를 쓰든 상관없다는 말이다.

> **섞갈리다**: 갈피를 잡지 못하게 여러 가지가 한데 뒤섞이다.
> **헛갈리다**: 정신이 혼란스럽게 되다. 여러 가지가 뒤섞여 갈피를 잡지 못하다.
> **헷갈리다**: 정신이 혼란스럽게 되다. 여러 가지가 뒤섞여 갈피를 잡지 못하다.

한국어를 모국어로 쓰는 한국인이든 한국어를 배워 쓰는 외국인이든 가장 헷갈리는 맞춤법을 들라면 예외 없이 "띄어쓰기!"라고 부르짖는다. 그래서 헷갈리는 '지'와 '만', '간'의 띄어쓰기를 살펴보려고 한다.

● '동안'을 나타내는 '지, 만, 간'

　오랫동안 문서를 교열해 오면서 필자들이 놓치는 공통적인 띄어쓰기 오류 중에서 특히 '동안(시간)'을 나타내는 의존명사 '지'와 '만' 그리고 접사 '-간'의 띄어쓰기 오류가 자주 눈에 띈다. 이 세 가지는 헷갈릴 수밖에 없다.

　똑같이 '동안'을 나타내는데 '지'와 '만'은 의존명사여서 띄어 써야 하지만 '-간'은 접미사여서 붙여 써야 하기 때문이다. 또 '지'는 의존명사이지만 어미로도 쓰이고 '만'은 의존명사이면서 보조사로, '간'은 의존명사이지만 접사로 쓰이기 때문이기도 하다.

　　1) 그와 **헤어진∨지** 10년도 넘었다.
　　　　('∨지'는 '동안'을 나타내는 의존명사)
　　2) 그 후 언제 **만났는지** 기억도 없다.
　　　　('-지'는 어미)

　　3) 그를 **10년∨만에** 만났다.
　　　　('∨만'은 '동안'을 나타내는 의존명사)
　　4) 그가 **10년만** 함께 있어 주면 좋겠다.
　　　　('만'은 보조사)

　　5) 나는 그와 **10년간**이나 살았다.
　　　　('-간'은 '동안'을 나타내는 접미사)
　　6) 나와 **남편∨간**에는 비밀이 없다.
　　　　('∨간'은 의존명사) HPI

지의 세 얼굴

．
．
．

헷갈리는 띄어쓰기 중에서 동안(시간)을 의미하는 세 가지 '지, 만, 간' 중에서 먼저 '지'의 세 얼굴을 살펴보기로 한다. 그에 앞서 '지'가 명사로 쓰이는 경우를 살펴보면 '사물을 인식하고 옳고 그름을 판단하는 능력'[知], '사물의 이치를 밝히고 올바르게 판별하고 처리하는 능력'[智], 손가락[指]이나 발가락[趾], 성씨[智], 글을 쓴 뒤 누가 썼다는 것을 밝히는 말[識], 영어 일곱 번째 알파벳 지[G] 등이 쓰인다. 그리고 궁중에서 쓰는 요강을 이르는 고유어도 '지'이다.

여기서 '지'의 세 얼굴을 살펴보려는 이유는 얼굴 모습에 따라 띄어쓰기도 다르기 때문이다. 그래서 의존명사로 쓰이는 '지', 연결어미로 쓰이는 '-지', 종결어미로 쓰이는 '-지'를 차례로 살펴볼 것이다.

1) 그와 **헤어진∨지** 10년이 넘었다.

　('∨지'는 '동안'을 나타내는 의존명사)

2) 그간 한 번도 **만나지** 못했다.

　('-지'는 부정 표현을 이끄는 연결어미)

3) 그 사람이 **누구지**?

　('-지'는 문장을 끝내는 종결어미)

● 의존명사 'ˇ지'

'-ㄴˇ지'나 '-은ˇ지' 형식으로 쓰이며 어떤 일이 일어난 때로부터 지금까지의 동안(시간이나 기간)을 의미한다. 의존명사이므로 띄어 써야 한다.

4) 그를 **만난ˇ지도** 꽤 오래되었다.
5) 고향을 **떠나온ˇ지** 10년도 넘었다.
6) 밥을 **먹은ˇ지** 30분이 지났다.

● 연결어미 '-지'

[1] 부정하거나 금지하려 할 때 쓰이는 연결 어미로 '않다', '못하다', '말다' 따위가 뒤따른다. 어미이므로 앞말에 붙여 써야 한다.

7) 밤만 되면 **나가지** 못해 안달이다.
8) **울지** 말고 말 좀 해봐!
9) 그가 어떤 말을 해도 **믿지** 않아.

참고로 '-지 않다'로 쓰일 때 '-지'와 이어지는 부정 표현은 띄어 써야 하나 다음 세 가지는 붙여 쓴다.

10) **마지않다, 머지않다. 못지않다**

[2] 상반되는 사실을 서로 대조적으로 나타내는 연결어미로 쓰일 때

도 붙여 써야 한다.

11) 그도 **사람이지** 짐승이 아니야.
12) 우리는 대등한 **관계이지** 종속 관계가 아니다.
13) 콩을 심어야 콩이 **나지** 팥을 심으면 콩이 **나지** 않아.

● 종결어미 '-지'

'-해' 자리에 쓰여 어떤 사실을 긍정적으로 서술하는 종결어미로 제안, 의문, 감탄, 서술, 명령 등으로 쓰인다.

14) 지금 **출발하지**. (제안)
15) 선생님은 언제 **오시지**? (의문)
16) 경치 참 **좋지**! (감탄)
17) 이 부근에 맛집이 **있었지**. (서술)
18) 자네는 지금 **떠나지**. (명령)

가끔 인터뷰나 질의응답하는 내용을 옮길 때 질문 부분에서 종결어미 '-지' 다음에 말줄임표(…)를 쓰기도 하는데 이는 잘못이다. 종결어미이기 때문에 마침표(.)나 느낌표(!), 물음표(?)가 적절한 부호이다.

19) 기자: 이번 행사를 기획하는 의도가 **무엇인지**?
  강 부장: 오직 주민을 위한 행사로 보면 된다. 🖊

만의 세 얼굴

∶
∶
∙

    동안(시간)을 나타내는 의존명사 '지'와 '만', '간' 중에서 '지'와 '만'은 의존명사여서 띄어 써야 하지만 '-간'은 접미사여서 붙여 써야 한다. 다시 한 번 강조하면 조사와 접사, 어미는 붙여 쓰고 의존명사는 띄어 쓴다는 원칙을 잊지 말자. 이 원칙에 따르면 헷갈릴 것 같은 '지'와 '만', '간'의 띄어쓰기도 정리가 쉬울 것이다. 그래서 '지'와 '만'은 띄어 쓰고 '간'은 붙여 쓰는 것이다. '지의 세 얼굴'에 이어 '만의 세 얼굴'을 살펴볼 것이다.

    '만'의 쓰임을 문법 기능별로 띄어쓰기를 살펴보려 한다. '만'은 '한정, 강조, 한계, 도달, 조건' 등의 의미를 더하는 보조사, '동안'이나 '횟수'를 나타내는 의존명사, '타당성, 가능성' 등을 나타내는 의존명사 등으로 기능한다. 이 세 가지를 예문을 들어 설명하기로 한다.

  1) 그녀는 **웃기만** 할 뿐 대답을 하지 않는다.
     (보조사)
  2) 그녀를 **3년∨만에** 만났다.
     ('동안'을 나타내는 의존명사)
  3) 그의 일처리를 보니 **믿을∨만**했다.
     ('타당성'을 나타내는 의존명사)

● 보조사 '만'

 '만'은 '한정, 강조, 한계, 도달, 조건' 등을 나타내는 보조사 기능을 한다. 이때 '만'은 조사이므로 당연히 앞말에 붙여 써야 한다.

>   4) 나는 **국수만** 먹으면 배탈이 나. (한정)
>   5) 이번 시험에 꼭 **합격해야만** 한다. (강조)
>   6) 나는 딱 **한 개만** 먹을 것이다. (한계)
>   7) 해안으로 **집채만∨한** 파도가 밀려오고 있다. (도달)
>   8) 그녀는 **나만** 보면 미소 짓는다. (조건)

 그런데 교열하다 보면 이 다섯 가지 예문 가운데 유독 문장 7) 같은 유형의 표현에서 띄어쓰기 오류가 많다는 것을 발견하게 된다. 한 가지 예문을 더 들어 본다.

>   9) 실력이 **나만한** 사람 있으면 나오라고 해! (×)
>   10) 실력이 **나∨만한** 사람 있으면 나오라고 해! (×)
>   11) 실력이 **나만∨한** 사람 있으면 나오라고 해! (○)

 '나만'의 '만'은 조사이므로 앞말에 붙여 써야 하고 뒤따르는 '한'은 '하다'의 어근 '하-'에 관형사형 전성어미 '-ㄴ'이 붙은 관형어이므로 당연히 앞말과 띄어 써야 옳다. 많이들 잘못 쓰고 있다. 바르게 띄어 쓰는 사람이 드물다!

● '동안, 횟수, 거리' 뒤에 쓰이는 의존명사 '만'

12) 도대체 이게 **얼마∨만**인가! (얼마→기간)

13) 졸업한 지 **10년∨만**에 동창들을 만났다. (10년→기간)

14) 그 시험에서 도대체 **몇 번∨만**에 붙은 거니? (몇 번→횟수)

15) 이번 시험에 도전한 지 **세 번∨만**에 겨우 붙었어. (세 번→횟수)

16) 출발한 지 **3km∨만**에 정상에 도착했다. (3km→거리)

17) 도착할 때까지 **10리∨만**에 한 번씩 쉬기로 했다. (10리→거리)

● '타당성, 가능성' 등을 나타내는 의존명사 '만'

18) 그 말을 듣고 보니 화를 **낼∨만**도 하네. (타당성)

19) 그가 그러는 것도 **이해할∨만**하다. (가능성)

이때 '만' 앞에는 관형어가 위치한다. 쉽게 설명하면 '만' 앞에 오는 용언의 받침으로 쓰인 어미가 '-ㄴ'이나 '-ㄹ'이면 대부분 띄어 쓰면 된다. 문장 18)의 '낼'과 19)의 '이해할'은 모두 관형어이다. 그리고 문장 19)의 '만하다'는 보조형용사로 쓰여 붙여 써야 한다. 반복하면 '동안'을 나타내는 '만'은 의존명사이기 때문에 띄어 쓰면 된다! ✎

간의 세 얼굴

.
.
.

동아일보에서 교열기자로 재직하다 퇴직하기 1년 전쯤 회사에서 어학학원 수강료 50%를 지원한다고 해서 종로에서 유명한 영어학원에 등록했다. 주로 수강생들이 강사를 중심으로 둘러 앉아 자유롭게 대화하면서 수업이 진행되고 있었다. 그런 수업 방식이 바람직하긴 하지만 잘하는 몇 사람으로 주도되기 때문에 어설픈 초보자는 대화에 쉽게 끼어들기 어려울 뿐만 아니라 무시당하기 일쑤였다.

어느 날 강사가 물었다.

"How many years have you lived with your wife(아내와 몇 년간 살았어요?")

이 정도쯤이야 생각하고 당당하게 대답했다.

"I've been living for thirty years(30년간 살고 있어요)."

그랬더니 강사가 이렇게 정정하려고 했다.

"Not thirty, thirteen!"

강사는 아마도 '그 나이에 무슨 30년씩이나 살아?' 아니면 '30년이나 같이 사는 부부가 어디 있어?' 하는 판단이었을 텐데 아마도 전자였을 거라고 생각하고 강하게 응수했다.

"Not thirteen, right thirty!"

아무튼 필자는 그 후 10년을 더해 40년 넘게 아내와 살고 있다. 주석혼(朱錫婚, 10년), 동혼(銅婚, 15년), 도혼(陶婚, 20년), 은혼(銀婚, 25년), 진주혼(珍珠婚, 30년), 산호혼(珊瑚婚, 35년)을 넘어 '벽옥혼(碧玉婚, 40년)'을 지났다는 말이다. 앞으로 달랑 두 가지 기념일만 남았다. 10년간 더 살면 금혼(金婚), 20년간 더 살면 금강석혼(金剛石婚)이니 하는 말이다. 이들 기념일의 명칭을 달리 부르는 사람도 있다.

똑같이 '동안'을 나타내는데 '지'와 '만'은 의존명사로 띄어 쓰는데 '-간'은 접미사여서 붙여 써야 한다. 정리하면 '지'는 의존명사이지만 어미로도 쓰이고 '만'은 의존명사이면서 보조사로도 쓰이며 '간'은 의존명사이지만 접사로도 쓰인다.

'간'의 쓰임을 문법 기능별로 띄어쓰기를 살펴보려 한다. '사이'를 나타내는 의존명사, '동안'을 나타내는 접미사, '장소'를 나타내는 접미사 등 세 가지로 구분하고 예문을 들어 설명한다.

　1) **부모와 자식**∨**간**에도 지킬 것은 지켜야 한다.
　　('사이'를 나타내는 의존명사)
　2) 그곳에서 그는 **수년간** 묵묵히 봉사하고 있다.
　　('동안'을 나타내는 접미사)
　3) 요즘은 **대장간**이 거의 사라져 구경조차 쉽지 않다.
　　('장소'를 나타내는 접미사)

● '사이'의 의미를 더하는 의존명사 '간'

> 4) **한국과 미국**∨**간**에 체결한 자유무역협정.
>   ('사이'를 나타내는 의존명사)
> 5) **남편과 아내**∨**간**에도 예의는 지켜야 한다.
>   ('사이'를 나타내는 의존명사)
> 6) **밥이든 죽이든**∨**간**에 먹기만 하면 된다.
>   ('한쪽'을 가리키는 의존명사)

그런데 여기서 한 가지 알아둬야 할 것은 '부부간', '내외간', '고부간', '부자간', '모녀간', '자매간', '형제간' 등은 '간'이 의존명사임에도 붙여 쓴다는 점이다. 의존명사는 띄어 쓰는 것이 맞다. 하지만 복합어로 붙여 쓰는 예외도 있다. '젊은이', '늙은이', '펴낸이' 같은 단어도 의존명사와 결합된 복합어로 붙여 쓴다.

● '동안'의 의미를 더하는 접미사 '-간'

많은 사람이 '동안'의 의미를 더하는 '간(間)'을 띄어 써야 하는 것으로 착각하고 있다. 왜냐하면 똑같이 '동안'의 의미를 나타내는 '지'와 '만'을 띄어 쓰니까. 그러나 이때 '-간'은 접미사이다. 그래서 붙여 써야 한다. '의존명사'는 띄어 쓰지만 '조사'와 '어미', '접사'는 붙여 쓰는 게 규칙이니까.

> ㄱ. 이 결과는 최근 **3년간**의 통계치를 분석한 수치이다.
> ㄴ. 나는 아내와 결혼해 **38년간** 행복하게 살고 있다.

● '장소'의 의미를 더하는 접미사 '-간'

프랑스 파리의 몽마르트르(Montmartre)에는 '물랭루주(Moulin Rouge)'
가 있다. 무랑루즈도, 물랑루즈도 아닌 물랭루주가 바른 표기이다. '물랭'
은 '방앗간'을, '루주'는 '빨간색'을 뜻한다. 물랭루주, 거기엔 빨간 풍차가
있다. 필자가 어릴 때는 여성들이 입술에 바르는 연지를 립스틱이라 하지
않고 '루주'라고 했다.

'방앗간'의 '-간'이 바로 장소의 의미를 더하는 접미사이다. '대장
간', '외양간', '푸줏간', '고깃간', '기계간', '마구간', '우릿간' 같은 말
도 모두 접미사 '-간'이 결합된 단어이다.

다 잊어도 좋지만 이것만이라도 기억하자!

'동안'의 의미를 더하는 '지'와 '만'은 띄어 쓰되 '간'은 붙여 쓴다! ✏️

에게/에/께

.
.
.

한국어는 세계 많은 언어와 비교했을 때 특히 조사와 어미가 발달한 언어이다. 그중에서 조사는 체언(명사, 대명사, 수사)이나 부사, 어미에 첨가되어 문법적 관계나 의미 파악을 돕는 기능을 한다. 조사는 자립성이 없지만 단어로 분류된다. 표준국어대사전에 수록된 조사는 모두 140여 개로 검색된다.

문서를 교열하다 보면 의외로 조사 오류를 많이 발견하게 된다. 문장에서 조사 오류가 있다면 그 문장은 치명적인 비문이다. 주로 격조사 오류인데 격조사를 잘못 쓴 문장은 비문에 해당한다.

격조사는 문장성분의 자격을 부여하는 역할을 수행하는 조사를 가리킨다. 문장성분이 7가지(주어, 서술어, 목적어, 보어, 관형어, 부사어, 독립어)이므로 격조사 역시 7가지(주격, 서술격, 목적격, 보격, 관형격, 부사격, 호격조사ⓖ)이다.

이 7가지 격조사를 모두 설명한다는 것이 이 책에서는 무의미한 일이다. 격조사 중에서도 잘못 쓰이는 몇 가지만 종류별로 설명하려고 한

ⓖ 일반적으로 '호격조사'라고 하지만 독립어에 붙는다고 해서 '독립격조사'로 부르기도 한다.

다. 먼저 부사격조사 중에서 대표적인 '에게'를 중심으로 기술했다.

● 부사격조사

중학교 다닐 때 영어를 배우며 열심히 외웠던 문장 5형식 중에서 제 4형식이 '주어+동사+간접목적어+직접목적어(S+V+IO+DO)'이다. 영어의 그 간접목적어(IO)에 해당하는 우리말의 문장 성분은 '부사어'이다. 더 정확히 말하면 '필수부사어'이다.

이 필수부사어의 자격을 부여하는 조사가 부사격조사인데 여기에 해당하는 대표적인 부사격조사는 '에게'이다. 이 '에게'와 같은 기능을 하는 조사가 몇 개 더 있다. 의미는 같지만 쓰임이 각각 다르다. 교열하다 보면 이들 조사가 잘못 쓰여 고칠 때가 참 많다. 아래 제시한 8가지 예문을 보면 이해가 쉬우리라 본다.

1) 나만의 비밀을 **친구에게** 말했다.
2) 나만의 비밀을 **네게** 얘기해 줄게.
3) 나만의 비밀을 **회사에** 이야기했다.
4) 나만의 비밀을 **선생님께** 말씀드렸다.
5) 나만의 비밀을 **엄마한테** 말했다.
6) 나만의 비밀을 **동생더러** 얘기했다.
7) 나만의 비밀을 **형보고** 얘기했다.
8) *나만의 비밀을 **너대고** 말했다.

● 에게

조사 '에게'는 사람이나 동물 같은 이른바 유정명사(감정이 있는 대상)에만 쓰인다. 따라서 '꽃에게 물을 주었다'라는 문장은 잘못 쓴 문장으로 비문이다. '꽃'은 무정명사이므로 '꽃에 물을 주었다'라고 고쳐 써야 한다. 그러나 경우에 따라 '의인화'해서 쓸 때는 무정명사에도 '에게'를 쓸 수는 있다.

● 게

조사 '게'는 인칭대명사 '내', '네', '제', '너희', '저희', '우리', '뉘' 등에서 '에게' 대신 붙는 격조사이다. '내게', '네게', '제게', '너희게', '저희게', '우리게', '뉘게'처럼 말이다. 물론 '내게', '네게', '제게'는 '나에게', '너에게', '저에게'의 줄임 표현으로 봐도 무방하다.

그리고 '너희게', '저희게', '우리게'는 예스러운 표현으로 볼 수 있는데 지금은 '게' 대신에 '에게'를 쓰는 게 훨씬 더 자연스러운 표현이 된다.

● 에

조사 '에'는 무정명사(감정이 없는 대상)에 쓰인다. 따라서 '어제 열린 한일 간 축구경기에서 우리나라가 **일본에게** 이겼다'라고 쓰면 잘못 쓴 문장이 된다. '어제 열린 한일 간 축구경기에서 우리나라가 **일본에**

이겼다'라고 고쳐 써야 한다.

⬤ 께

조사 '께'는 주체 높임 문장에서 '주체'에 붙이는 존대 표현 조사이다. 따라서 '선생님에게 말씀드렸다'라고 쓰면 잘못이다. '선생님께 말씀드렸다'로 써야 바른 표현이 된다.

⬤ 한테, 더러, 보고

조사 '한테', '더러', '보고'는 주로 구어체(입말 표현, 대화체)에서 쓰이는 조사이다. 따라서 보고서나 논문 같은 구조문에서는 쓰지 않는 것이 바람직하다. '정부는 기업한테 투자 유치를 권고했다'라는 문장은 '정부는 기업에 투자 유치를 권고했다'로 고쳐 써야 한다.

⬤ *대고

마지막으로 '대고'는 일부 지방에서 쓰이는 표현으로 얼핏 들으면 '내대꼬, 너대꼬'처럼 들리기도 한다. 사실은 이 '대고'는 격조사로 기능하는 것으로 볼 수 없다. 억지로 맞추면 '나(에게) 대고', '너(에게) 대고'의 축약 표현으로 볼 수는 있을 것이다. 여기에서 '대고'는 '대다'의 어간 '대-'에 어미 '-고'가 붙은 부사어로 봐야 하기에 띄어 쓰는 게 옳다.

일부 지방에서 쓰이는 '내대꼬(대고) 그런 말 하지 마라!'는 '나에게 대고 그런 말 하지 마라'로 보면 된다. 그러므로 이런 경우에는 '대고'를 조사로 볼 수 없다! 🖋

.
.
.

조사는 주로 명사, 대명사, 수사 같은 체언 뒤에 붙어 기능하지만 반드시 체언에만 붙는 것은 아니라고 했다. 부사나 어미에도 붙을 수 있고 다른 조사에 겹쳐 쓰일 수도 있다.

가령 '지난여름은 몹시도 더웠다.'에서 부사 '몹시'에 붙은 '도'는 강조하기 위해 붙인 보조사이다. 그리고 '홍어탕을 먹어는 보았다.'에서 어간 '먹-'과 결합된 어미 '-어' 다음의 '는'도 보조사이다. 또 '지금쯤 고향에서는 진달래가 피었겠지.'에서 조사 '에서' 뒤에 붙은 '는' 역시 보조사이다. 그러므로 조사 중 보조사는 체언뿐만 아니라 부사, 어미, 조사 뒤에도 붙을 수 있다.

여기서는 조사 중에서도 격조사, 격조사 중에서도 주격조사를 중심으로 살펴보려고 한다.

● 주격조사

주격조사란 문장의 주체가 되는 주어의 자격을 부여하는 조사를 가리킨다. 그런데 주어에 붙는다고 해서 반드시 주격조사만 사용되는 것은 아니다. 가령 '나는 학교에 간다.', '나도 학교에 간다.' 같은 문장에서 '나'라는 주어에 붙은 조사 '는'과 '도'는 보조사이다.

대표적인 주격조사로는 받침 있는 선행 단어에 붙는 '이'와 받침 없는 선행 단어에 붙는 '가'가 있다는 것은 대부분이 알고 있다. 그 외에도 아래 예문에서 보듯 몇 가지 더 있음을 알 수 있다.

> 1) **우리가** 다 했다.
> 2) **우리 가족이** 다 했다.
> 3) **선생님께서** 다 하셨다.
> 4) **기업에서** 다 했다.
> 5) **누구라서** 능히 다 했을까.
> 6) **고관이라서** 능히 다 했을까.

● 이/가

'우리가 다 했다.'와 '우리 가족이 다 했다.'에서 '이'와 '가'는 대표적인 주격조사인데 앞말에 받침이 있으면 '이'를, 받침이 없으면 '가'를 쓰게 된다. 주격조사 '이'나 '가' 대신에 보조사 '은'이나 '는'을 쓰게 되면 정보ᐟ가 하나 더 있어 대조나 비교, 강조 등의 뜻을 더한다.

ⓐ 갑돌이와 갑순이라는 두 정보가 있다고 가정하고 '①갑돌이가 왔다'와 '②갑돌이는 왔다' 두 문장을 비교해 보자. 문장 ①은 정보가 '갑돌이'뿐이지만 ②는 '갑돌이'는 왔는데 '갑순이'는 오지 않았다는 의미를 함축하고 있어 정보는 '갑돌이'와 '갑순이' 두 가지로 볼 수 있다.

● 께서

'선생님께서 다 하셨다.'에서 '께서'는 문장의 주어를 높일 때 쓰이는 주격조사이다. 이때는 서술어에서도 높임을 나타내는 선어말어미 '-시-'나 종결어미 '-습니다' 등을 동반한다.

7) 선생님**께서 오셨**습니다(오시었습니다).

● 에서

'기업에서 다 했다.'의 '에서'는 단체를 나타내는 명사 뒤에 붙어 앞말이 주어임을 나타내는 주격조사이다. 그런데 단체를 나타내는 단어 뒤에 '에서' 대신에 '이'나 '가'를 많이 쓰기도 하는데 이는 굳이 틀렸다기보다는 바람직하지 않은 표현이다.

가령 '기업에서 신입 사원 합격자를 발표했다.'를 '기업이 신입 사원 합격자를 발표했다'는 식이다. 회사나 학교 같은 '단체' 성격을 띤 주어 뒤에는 가급적 주격조사로 '에서'를 붙이는 습관이 바람직하다.

● (이)라서

'누구라서 능히 다 했을까.'와 '고관이라서 능히 다 했을까.'에서 '라서' 또는 '이라서'(받침 뒤)는 주격조사이긴 하지만 현대 국어에서는 잘 쓰이지 않는 예스러운 표현이다. 주격조사 '(이)라서'는 주로 부사 '능히' 또는 '감히'를 동반하거나 같은 뜻을 포함하고 있다.

한 가지 덧붙이면 조사 중에서 7가지 격조사는 모두 입말(구어체, 대화체)에서 생략이 가능하다는 점도 알고 있을 필요가 있다. 아래 예문에서 괄호 속 격조사는 모두 생략이 가능하다.

[주　격] 나(는) 지금 머리(가) 아파.
[서술격] 그건 이해할 수 없는 일(이다).
[목적격] 너 과일(을) 좋아하니?
[보　격] 그 녀석이 의사(가) 됐다고?
[관형격] 어머니(의) 얼굴이 떠오른다.
[부사격] 너 내일 학교(에) 가니?
[호　격] 철수(야), 빨리 오지 않고 뭐하니?

의/이/에

.
.
.

중국해양대 한국학과에서 중국 대학생들에게 한국어를 가르칠 때 발음에 관한 질문을 받고 당황할 때가 많았다. 예를 들면 '외'와 '왜', '웨'의 발음을 구분해 달라든지, '의'의 발음을 정확하게 해 달라든지 하는 질문이었다.

그중에서 '외'와 '왜', '웨'의 발음은 구분해서 시범 발음을 하는 데 한계를 느꼈으나 그래도 '의'는 다양하게 발음되기에 시연보다는 규칙을 설명하는 것으로 대신할 수 있었다.

그래서 '전문의의 의술'이라는 표현을 제시하고 '의'의 발음은 다양하다고 설명했다. 한국인이라면 대부분 아는 발음 규칙이지만 간단히 설명하면 이렇다.

1) '의술'처럼 단어 맨 앞에 나오는 '의'는 무조건 **[의]**로 발음해야 한다.
2) '전문의'처럼 단어의 두 번째 이후 음절로 출현하면 **[의]**나 **[이]**로 발음할 수 있다.
3) '전문의의'의 마지막 '의'처럼 관형격조사로 쓰일 때는 **[의]**나 **[에]**로 발음할 수 있다.

따라서 '전문의의 의술'은 [전문이에 의술]로 발음해도 된다는 것이다.

여기서는 조사 중에서도 격조사, 7가지 격조사 중에서도 관형격조사인 '의'의 쓰임을 살펴보고자 한다. 교열할 때 문장을 보면서 관형격조사 '의'가 많이 쓰이면 문장이 어색하거나 복잡해지고 너무 안 쓰면 비문이 되는 과유불급(過猶不及)의 문제를 안고 있다고 느낀다.

언제부터인가 문장에서 '의'가 반복적으로 많이 쓰이게 된 것은 일본어에서 영향을 받았다는 견해도 있다. 일본어 원서에서 '私の学校の先生の机…(나의 학교의 선생님의 책상…)'처럼 우리말 '의'에 해당하는 '노(の)'가 많이 쓰이는 문장을 흔히 볼 수 있기는 하다. 예문을 비교하면서 관형격조사 '의'의 쓰임을 살펴보도록 한다.

4) **우리나라의** 국민은 한국어를 사용한다.
5) **우리나라** 국민은 한국어를 사용한다.

6) **나라의** 발전은 **청년들의** 미래를 좌우한다.
7) **나라** 발전은 **청년들** 미래를 좌우한다.

조사 중에서 '의'는 관형어를 만드는 격조사이다. 그래서 관형격조사라고 하는데 관형격조사는 '의' 하나뿐이다. 관형격조사 '의'는 예문 5)에서 보듯이 때로는 생략해도 문장 의미 전달에 영향을 미치지 않기 때문에 생략하기도 하지만 그렇다고 무조건 생략하면 예문 7)처럼 어색한 문장이 되기도 한다. 예문을 하나 더 제시한다.

8) "그리고 학교 **등록률의** 증가가 주요 **연령대의 근로자들의 미래의** 경제
   활동 **참가율의** 감소를 가져오는 것을 막기 위해서 교정 메커니즘이
   15~24세의 세대에 적용된다."

위에 든 예문이 비문법 문장이라고 할 수는 없지만 간결한 문장은 아
니란 것을 독자들은 단번에 알았을 것이다. 죄다 없앤다면 문제가 되겠
지만 아래 수정문처럼 몇 개라도 없애면 한결 이해가 쉬운 간결한 문장
이 될 것이다.

9) "그리고 학교 **등록률의** 증가가 주요 연령대 **근로자들의** 미래 경제활동
   참가율 감소를 가져오는 것을 막기 위해서 교정 메커니즘이 15~24
   세 세대에 적용된다."

이처럼 격조사 '의'를 4개만 없애도 훨씬 간결한 문장이 된다. 아래
세 문장을 비교하면서 독자께서 스스로 바람직한 문장을 선택해 보자.

10) 우리는 제4차 산업혁명이 미래 한국 모든 분야에 미치게 될 여러 가
    지 영향에 대비해야 할 것이다.
11) 우리는 제4차 산업혁명이 **미래의 한국의** 모든 분야에 미치게 될 **여러
    가지의** 영향에 대비해야 할 것이다.
12) 우리는 제4차 산업혁명이 미래 **한국의** 모든 분야에 미치게 될 여러
    가지 영향에 대비해야 할 것이다.

기억하자! 관형격조사 '의', 아예 안 쓰지도 말고 너무 많이 쓰지도
말자!

고/라고/라

.
.
.

한 토막의 말이나 글을 가리키는 어휘로 구절(句節)이 있다. 달리 구(句)와 절(節)을 아울러 이르는 말이기도 하다. 또 첩어로 쓰이는 구구절절(句句節節) 또는 구절구절(句節句節)은 '모든 구절'이란 의미로 쓰이면 명사 기능을, '말 한 마디 한 마디'란 의미로 쓰이면 부사 기능을 한다.

우리말에서 '구(句)'는 명사구, 동사구, 형용사구, 관형사구, 부사구 등 5가지로 나뉘고 '절(節)'은 명사절, 관형절, 부사절, 서술절, 인용절 등 5가지로 나뉜다. 그중에서 인용절은 말이나 글에서 직접 또는 간접으로 따온 절을 가리킨다. 직접으로 따온 인용절은 앞뒤를 큰따옴표(" ")로 싼다.

1) 내가 놀 때마다 아버지는 **공부 좀 하라**고 하셨다.
2) 내가 놀 때마다 아버지는 **"공부 좀 해라."**라고 하셨다.
3) 내가 놀 때마다 아버지는 **"공부 좀 하라고."**라고 하셨다.

예시로 든 문장 1)은 간접 인용절이 포함된 문장이고 2)와 3)은 직접 인용절이 포함된 문장이다. 직접 인용절에서 3가지 의문이 생길 수 있다. ①왜 '하라'가 아니고 '해라'인가? ②인용절 끝에 반드시 마침표를 찍어야 하나? ③인용절의 조사로 '라고'만 써야 하나?

● 왜 '하라'가 아니고 '해라'인가?

하라체는 간접명령형에, 해라체는 직접명령형에 어울리는 종결형이다. 이와 같은 예로 동사 '먹다'의 명령형인 '먹으라'는 하라체에, '먹어라'는 해라체에 해당한다.

4) 엄마는 좀 천천히 **먹으라고** 했다.
5) 엄마는 "좀 천천히 **먹어라**"라고 했다.

● 인용절 끝에 반드시 마침표를 찍어야 하나?

직접 인용문에 마침표를 찍어야 하는지는 한글맞춤법(부록 문장부호)에서 확인할 수 있다. 마침표를 쓰는 것이 원칙이나 큰따옴표로 경계가 확인되기 때문에 마침표를 쓰지 않는 것도 허용된다.

6) 내가 놀 때마다 아버지는 "공부 좀 **해라.**"라고 하셨다.(원칙)
7) 내가 놀 때마다 아버지는 "공부 좀 **해라**"라고 하셨다.(허용)

● 인용절의 조사로 '라고'만 써야 하나?

직접 인용절 뒤에는 조사 '라고'를 적어야 하고 간접 인용절 뒤에는 조사 '고'를 적을 수 있다. 단, 직접 인용절에서 '라고' 대신에 '라'만 쓸 수도 있다. 이렇게 조사를 써서 읽어보면 어미와 겹치며 '-라라고',

'-라라', '-라고라', '-라고라고'처럼 아주 어색하게 읽힌다. 그래도 그렇게 써야 한다.

8) 엄마는 "좀 천천히 **먹어**"라고 했다.
9) 엄마는 "좀 천천히 **먹어**"라 했다.

아래 예시로 든 문장에서 '라고'와 '고'의 쓰임을 보고 조사와 어미를 각각 구분해 보자. 구분이 쉽지는 않을 것이다.

10) 선생님이 "공부 열심히 해라."**라고** 말씀하셨다.
11) 선생님이 공부 열심히 하라**고** 말씀하셨다.
12) "어서 공부 열심히 하**라고**."
13) 선생님은 그렇게 말씀하시**고** 자리를 뜨셨다.
14) 선생님이 감히 누구**라고** 거부할 수 있겠나.
15) 나는 공부가 전부는 아니**라고** 생각한다.

10), 11), 14)는 조사이고 12), 13), 15)는 어미이다. 자세한 설명은 다음과 같다.

10)에서 '**라고**'는 직접 인용절 "공부 열심히 해라."에 붙은 조사이다.
11)에서 '**고**'는 간접 인용절에 붙은 조사이다.
12)에서 '**-라고**'는 '하다'의 어간 '하-'에 붙은 어미이다.
13)에서 '**-고**'는 '말씀하다'의 어간 '말씀하-'와 선어말어미 '-시-'에 붙은 어미이다.
14)에서 '**라고**'는 체언 '누구'에 붙은 조사이다.
15)에서 '**-라고**'는 '아니다'의 어간 '아니-'에 붙은 어미이다. 🖋

과일/과채/과채류

.
.
.

● 바나나는 과일일까, 아닐까?

1970년 말쯤에 대학 수학여행을 제주도로 떠났다. 한라산, 산방산, 성산일출봉, 산굼부리, 용두암, 천지연폭포, 천제연폭포, 정방폭포, 만장굴, 외돌개 등 유명한 곳이란 데는 모조리 거쳤다.

밀감 농장을 거쳐 파인애플 농장에 들어서서 처음 본 열대 과일 파인애플의 모습을 보며 어이없어 했던 기억이 새롭다. 가지가 하늘을 뻗은 커다란 나무에 파인애플이 주렁주렁 달려 있을 것이라는 상상이 무참히 깨지는 순간이었기에 그랬다.

흔히들 과일이라고 취급하는 파인애플은 정확히 말해 과일로 분류되지 않는다. '과채류'로 분류되기 때문이다. 바나나도 마찬가지이다. 과일이 아니라 과채류로 분류된다. 그런데 국립국어원의 표준국어대사전에는 표제어 과일에서 예로 든 과일 중에 바나나가 포함되어 있다.⑦ 명백한 오류이다.

---

⑦ 최종 검색일: 2021년 4월 1일.

● 과일, 과채, 과채류

과일과 과채, 과채류는 어떻게 다를까? 먼저 표준국어대사전의 뜻풀이를 비교해 본다.

1) **과일**: 나무 따위를 가꾸어 얻는, 사람이 먹을 수 있는 열매. 대개 수분이 많고 단맛 또는 신맛이 난다. 사과, 배, 포도, 귤, 감, 밤 따위가 있다. ≒과물, 과실, 실과

2) **과채**: 「1」과일과 채소를 아울러 이르는 말. ≒과소.
　　　　　「2」열매를 먹는 채소. 가지, 오이, 토마토 따위가 있다. =열매채소.

3) **과채류**: 열매를 식용으로 하는 채소를 통틀어 이르는 말. 가지, 수박, 오이, 참외, 토마토, 호박 따위가 있다.

정리하면 ①나무에 달리는 것만 과일이다(사과, 배, 감, 밤 등). ②채소로 먹는 열매는 과채이다(가지, 오이, 토마토 등). ③과일처럼 먹는 열매채소나 과채는 과채류이다(가지, 오이, 수박, 참외, 바나나, 파인애플 등).

한마디로 바나나와 파인애플은 채소(넓은 의미)라고 해도 되고 과채(과일+채소)라 해도 되며 과채류라고 해도 된다. 그러나 과일이라고 할 수는 없다. 바나나도 파인애플도 나무에 열리는 열매가 아니라 풀에 맺히는 열매이기 때문이다. 이참에 필자들이 가끔 혼동하는 몇 가지 헷갈

리는 표준어를 비교해 정리해 본다.

● 낱알과 낟알

'낱알'은 하나하나 따로따로인 알갱이를 가리키는 반면에 '낟알'은 껍질을 벗기지 아니한 곡식의 알갱이를 가리키는 말이다. 즉, 낟알은 탈곡하지 않은 곡식의 알갱이를 가리키는 말이다. 밭이나 논에 떨어진 곡식 알갱이는 낱알이 아니라 낟알이다.

● 야채와 채소

'야채'는 말 그대로 들에서 자라는 채소를 가리킬 때 쓰이는 말이지만 일상에서 채소를 대신해서도 많이 쓰이는 말이다. 따라서 집에서 요리할 때 쓰이는 식물은 '채소'라고 부르는 것이 좋다.

● 농작물과 농산물

'농작물'은 생산하기 전 들에서 기르는 곡식이나 채소를 가리키는 반면에 '농산물'은 생산한 곡식이나 식물을 가리킨다. 따라서 팔려고 공판장에 들여오는 것은 농작물이 아니라 농산물이다.

● 물고기와 생선

'물고기'는 물에서 사는 척추동물을 가리키는 말인 반면에 '생선'은 먹기 위해 잡은 물고기이다. 따라서 강이나 바다에서 잡아 올리는 것은 생선이 아니라 물고기이다. 어부는 생선을 잡는 사람이 아니라 물고기를 잡는 사람이다. ✎

가지다/지니다/띠다

　·
　·
　·

　오래전 가족과 함께 볼링장에 들른 적이 있다. 거기서 우연히 그 당시 영락교회 빌 메이저스(Bill Magors) 목사님을 만났다. 그는 한국에서 20년 이상 살면서 한국인과 결혼해 슬하에 딸 둘을 두고 있는 분이었고 한국말이나 한국 문화에 너무나 친숙해 한국인이나 다름없는 분이었다. 어느 정도인가 하면 영어로 설교하다 가끔 '제세벨(Jezebel)'이라고 해야 할 걸 한국인처럼 '이세벨'⊙로 잘못 발음하는 바람에 좌중을 웃게 할 정도였으니까.

　그와 반갑게 악수한 뒤 아내와 목사님을 번갈아 소개했다.

　"영락교회 빌 목사님이셔. 목사님, 제 아내입니다."

　그러자 서로 인사를 나눴다.

　"안녕하세요, 목사님! 반갑습니다!"

　"안녕하세요! 남편을 우리 교회에 **갖다줘서** 감사합니다!"

　아무리 한국말을 잘하는 목사님이라 해도 머릿속에서 한국말과 비교되는 영어는 어찌하지 못하셨던 모양이다. 어쨌든 언제나 자상했던

⊙ 한국어 성경에는 북 이스라엘 왕 아합의 아내 '이세벨'로 번역돼 있다.

그분이 지금은 그리울 뿐이다!

어문교열연구원에서는 공공기관에서 의뢰하는 연구보고서 교열에 매달려 숨 가쁘게 하루하루를 보내다 보면 필자마다 또는 기관마다 독특한 글 습관이 있다는 점을 종종 발견하게 된다. 그중에서도 특히 '가지다'라는 표현을 습관적으로 자주 사용하는 분이 많다는 사실을 알게 됐다.

아래 예문을 가볍게 쓱 한번 살펴보자.

1) 아들이 **장난감을 가지고** 학교에 가려고 하기에 말렸다.
2) 이 노트북은 지문 인식 **기능을 가지고** 있다.
3) 그는 원래 착한 **성품을 가진** 사람이다.
4) 그는 한때 청와대 폭파 **임무를 가지고** 남파된 적이 있다.

위 예문의 1)은 어울리지만 2), 3), 4)는 왠지 어색하다. 물론 구조어(연어)[주]의 구성어가 서로 호응이 안 돼서 그렇다고 볼 수도 있지만 '장난감'은 '가지다'와, '기능'과 '성품'은 '지니다'와, '임무'는 '띠다'와 어울리기 때문이다.

그렇다면 우리말 '가지다'가 '지니다', '띠다'와 다른 어떤 특성이 있기에 그럴까? 그렇다. '가지다'에는 주어의 '소유 의지'가 강하게 배어

[주] 구조어(構造語): 문장 내에서 서로 짝을 이루어 쓰이는 말. 예를 들면 ①'결코 ~이 아니다'(연어) ②'홍역을 치르다'(관용어) ③'꼬리가 개를 흔든다→개가 꼬리를 흔든다'(공기 관계) 등이다.

있지만 '지니다'와 '띠다'에는 문장에 따라 약하게 나타나거나 거의 없다.

아래 예문을 살펴보자.

5) 아들이 **장난감을 가지고** 학교에 가려고 하기에 말렸다.
6) 이 노트북은 지문 인식 **기능을 지니고** 있다.
7) 그는 원래 착한 **성품을 지닌** 사람이다.
8) 그는 한때 청와대 폭파 **임무를 띠고** 남파된 적이 있다.

결론적으로 문장에 따라 차이는 있을 수 있겠지만 '가지다'는 주어의 강한 소유 의지가 내포된 문장에 어울리는 표현, '지니다'와 '띠다'는 주어의 상태를 나타내는 표현 정도로 이해할 수 있다.

그런데 이렇게 가려 쓰면 좋겠는데 문제는 지니다나 띠다가 어울리는 자리에 죄다 '가지다'로 쓰는 습관이다. '가지다'는 주로 주어가 유정명사(사람이나 동물 등 감정이 있는 명사)로서 주어의 '소유 의지'가 포함될 때 어울리는 표현이다.

9) 고양이가 **공을 가지고** 놀고 있다.
10) 시험장에는 **필기구만 가지고** 들어가야 한다.

'지니다'는 성품이나 사상, 기계장치, 체계(시스템) 등에서 쓰면 잘 어울린다.

11) 그는 조용한 **성품을 지닌** 사람이다.

12) 이번에 출시되는 자동차는 자동주차 **기능을 지니고** 있다.

　(=이번에 출시되는 자동차에는 자동주차 **기능이 적용됐다**.)

'띠다'는 임무나 표정, 색깔 등 부여된 현상을 나타낼 때 쓰면 어울린다.

13) 그는 언제나 잔잔한 **미소를 띠고** 있다.

14) 그녀는 **붉은색을 띤** 장미를 들고 있다.

한 가지 덧붙이면 '몸에 장애를 가진'이란 표현은 쓸 수도 없는 말이지만 절대로 쓰면 안 된다. 누가 장애를 '가졌다'는 말인가? 장애는 본인의 의지와 상관없이 오게 된 것이지 스스로 소유한 것이 아니다. '몸에 장애를 가진'이란 표현 대신 '몸이 불편한'으로 표현하는 것이 옳지 않을까 싶다.

분/푼/부

．
．
．

● **분수도 모르면 푼수가 된다**

　　1) "긴 바지는 너무 더울 것 같아 **7부 바지**를 챙겨 가려고 해."
　　2) "**7부 능선**엔 적이 없다"(신경식 저)

　　결론부터 말하면 예문의 '7부 바지'나 '7부 능선'은 우리말답지 않은 표현이다. 이렇게 쓰면 잘못된 표현이란 말이다. '7분 바지'가 바른 표현이고 '7분 능선'이 바른 표현이기 때문이다.

　　그렇게 써야 하는 이유는 한자 '나눌 분(分)' 자가 우리말에서는 '부'로 쓰이지 않기 때문이다. 우리말에서는 '분'이나 '푼'으로만 쓰이기 때문이다. 그런데 일본어에서는 1할(割)의 의미로 '부(ぶ[分])'가 쓰인다.

　　많은 학자가 '부'로 쓰게 된 것은 이 일본어 영향인 것으로 보고 있다. 이 사실을 안다면 굳이 '부'로 쓸 이유가 없다.

● **분(分)**

　　우리말에서 분(分)은 시간(시[時]의 60분의 1)이나 각도(도[度]의 360분의 1), 할(割: 전체의 10분의 1)을 나타낼 때 주로 쓰인다. 그리고 수학에서 정수의 나눈 몫을 a/b로 표시할 때 분수(分數)라는 용어를 쓴다.

또 '농담도 분수가 있다'나 '자네는 나에게 분에 넘치는 친구야'처럼 자기 신분에 맞는 한도나 사람으로서 일정하게 이를 수 있는 한계를 나타낼 때도 분수(分數)라는 말을 쓴다.

● 푼(←分)

'푼'의 어원은 분(分)이며 푼은 과거 엽전을 세는 단위로 쓰였다. 단위 '할, 푼, 리, 모' 개념의 푼은 100분의 1을 가리킨다. 가령 야구 선수의 타율 0.352를 '3할 5푼 2리'로 읽을 때의 그 푼이다.

푼이 10분의 1을 가리키는 경우도 있다. 예를 들면 길이 단위 1푼은 10분의 1치이다. 물론 1치가 10분의 1자이므로 1푼은 100분의 1자이긴 하다. 금 1푼은 10분의 1돈을 가리킨다.

● 분수(分數)와 푼수(←分數)

흔히 7개월 만에 태어난 아기를 가리키는 '칠삭둥이'가 '모자라는 사람'으로 비하할 때 쓰이기도 한다. 비하하는 말로 쓰이는 '칠삭둥이'와 같이 쓰이는 말로 '칠푼' 또는 '칠푼이'라는 말이 있다. 물론 '팔푼', '팔푼이'라는 말도 있긴 하지만….

아무튼 칠푼의 푼이나 팔푼의 푼도 분(分)에서 기원한 것이다. 사실 이런 표현은 일상에서 어떤 경우에서든 타인에게 쓸 수 없는 말이다.

또 생각이 모자라고 어리석은 사람을 놀림조로 이르는 말인 '푼수' 또한 분수(分數)에서 온 말로, 이 푼 역시 분(分)에서 기원한 것이다. 사람이 분수(分數)도 모르고 살면 푼수[分數] 소리 듣게 마련이다. 🔲

지수/퍼센트/포인트

.
.
.

● % - ‰ - ‱ - ppm

보통 통계자료를 활용하는 문서에는 지수와 퍼센트(%)나 포인트(p)라는 단위를 사용하는 비교 수치가 많이 등장한다. 퍼센트(%)는 백분율을 나타내는 단위이다. 간혹 퍼센트포인트(%p)라는 단위를 퍼센트와 혼동하는 사례도 발견된다. 그래서 퍼센트와 지수, 퍼센트포인트와 지수포인트의 개념을 정확하게 이해하면 자료를 비교 분석하는 데 도움이 될 것이다.

한편 퍼밀(‰)은 천분율을 나타내는 단위이고 퍼밀리아드(‱)는 만분율을 나타내는 단위로 쓰이며 파트퍼밀리온(ppm)은 백만분율을 나타내는 단위이다. 그러나 퍼밀이나 퍼밀리아드, 파트퍼밀리온은 특정 전문 문서 외에 일반 보고서에서 인용하는 통계자료나 회계자료에는 거의 쓰이지 않는다. 따라서 여기에서는 퍼센트(%)와 퍼센트포인트(%p)만 다룬다.

● 퍼센트와 지수

먼저 퍼센트는 단위를 '퍼센트' 또는 기호 '%'로 쓰지만 지수에는 단위가 쓰이지 않는다. 지수에 퍼센트(%)를 쓰기도 하는데 옳지 않다. 그 이유를 설명하면 이렇다.

퍼센트는 어떤 수치의 백분율을 가리킨다. 전체를 나타내는 수치를 일단 100으로 삼고 그에 따른 다른 수치의 비율을 나타내는 것이 퍼센트이다. 100분의 10이라면 10에 해당하는 수치가 퍼센트이므로 단위를 퍼센트(%)로 쓰는 것이다. 그러나 지수는 기준 연도의 수량을 100으로 하고 그와 비교해 다른 해의 변화한 수량을 비율로 나타내는 수치이다. 따라서 지수는 백분율이 아니라 기준과 비교해서 증감한 수치를 나타내기 때문에 단위를 퍼센트(%)나 포인트(p)로 쓰지 않는다.

1) 13일 코스피는 **2104.46%**로 개장했다. (×)
2) 13일 코스피는 **2104.46p**로 개장했다. (×)
3) 13일 코스피는 **2104.46**으로 개장했다. (○)

● 포인트

포인트는 현 수치가 이전 또는 기준 수치와 비교해 증가하거나 감소한 양을 가리키는 단위이다. 즉, 차이를 나타내는 수치이다. 이 포인트는 퍼센트와 지수에 같이 쓰인다. 단위로는 '포인트' 또는 'p'로 쓰인다. 퍼센트에는 '퍼센트포인트(%p)'를, 지수에는 단위가 따로 없기에 지수

뒤에 그냥 '포인트(p)'만 쓴다.

예를 들어 용돈이 10만 원에서 15만 원으로 인상됐다면 50% 오른 것이지만 용돈을 가계 수입의 10%로 주다가 15%로 인상됐다면 5%p 오른 것이다. 기사에서 문장 하나를 옮겨 왔다.

4) "13일 **코스피지수**는 전 거래일 대비 **4.29p**(0.20%) 내린 2104.46에 개장했다."

예문에서처럼 지수에도 포인트(p)를 쓸 수 있다. 4.29p는 전날 지수와 오늘 지수의 차이를 나타내는 수치이다. 지수가 아니라 지수 간 차이를 가리키는 것이다. 그래서 p를 붙인 것이다.

위 예문에서 보이는 오류 한 가지를 든다면 '코스피지수'라는 표현이다. 이렇게들 많이 쓰지만 이는 부적합한 표현이다. 코스피(KOSPI)는 한국종합주가지수를 가리키는 'Korea Composite Stock Price Index'의 약어이다. 코스피가 지수(Index)를 가리키므로 코스피지수라고 쓰면 겹말이 된다. 그래서 코스피로만 써야 한다. 아래 문장처럼 쓰면 문제가 없다.

5) "13일 **코스피**는 전 거래일 대비 4.29p(0.20%) 내린 2104.46에 개장했다." 🖋️

증감률/고난이도/승부욕

.
.
.

　입말이나 글말 할 것 없이 자주 사용되는 증감률, 고난이도, 승부욕이 세 단어가 사실은 비논리적으로 조합되어 쓸 수 없는 복합어이다. 그러므로 쓰지 않기를 바라지만 특정 분야에서 너무나 쉽게, 자주 사용되고 있어 안타깝다.

　교열하다 보면 '증감률'은 통계 관련 문서에서, '고난이도'는 시험 관련 문서에서, '승부욕'은 스포츠 관련 문서에서 자주 발견된다. 이 세 단어 모두 표준국어대사전에는 표제어로 등재돼 있지 않다. 그러나 승부욕 같은 단어는 다른 사전에 등재돼 있다는 게 문제라면 문제이다.

　이유야 어떻든 '말이 안 되는' 말이라면 쓰지 않는 게 바람직하다. 먼저 이 세 단어를 키워드로 인터넷에서 검색해 보았다. 검색된 수많은 문장 중에서 몇 개를 골라 적었다.

　1) 연초만 해도 (+) **증감률**이 예상됐던 4분기 YoY 증감률은 −25%를 하
　　회하며 IFRS 도입 이후 최저치를 기록했다.
　2) 나형의 경우 평이한 난이도를 보였지만 **고난이도** 문항들이 변별력을
　　갖춰 문제풀이 과정에서 시간이 다소 소요됐다는 분석이 나왔다.
　3) 힘 있는 구위에 타고난 **승부욕**까지 겸비한 하준영은 어느새 팀 고비 상
　　황, 가장 확실한 불펜카드가 됐다.

다음 예문도 살펴보자.

4) 전반기 소득 **증가율**을 분석했다.
5) 후반기 매출 **감소율**을 분석했다.
6) 전체 매출의 **증감 현황**을 제시한다.
7) 전체 매출의 **증감률**을 제시한다.

4)의 '증가율'이나 5)의 '감소율'로 쓰는 것은 증가 비율과 감소 비율을 나타내기 때문에 문제가 없다. 또 6)의 '증감 현황'도 '증가와 감소의 현황'으로 해석하는 데 문제가 없다. 다만 7)의 '증감률'이란 실제 비율 산정이 불가능한 개념이다.

증감률 대신 증가율로 써도 아무런 문제가 없다. 실제 증가한 비율이라면 양(+)의 증가율로, 감소한 비율이라면 음(-)의 증가율로 산정하면 된다. 감소율 또한 마찬가지이다.

난이도는 '어려움과 쉬움의 정도'를 나타낼 때 쓰이는 단어이다. 난이도는 어렵거나 쉬운 정도라는 의미를 포함하기에 높다 또는 낮다라는 표현과 어울려 쓸 수 없다. 특히 '고난이도' 같은 표현은 잘못된 표현이다. 또 난이도가 이미 쉽거나 어렵다는 의미를 품고 있어 '쉽다' 또는 '어렵다' 같은 서술어와도 어울려 쓸 수 없다.

8) **난이도에 따라** 문제 유형을 달리했다.
9) **난이도를 고려해** 출제했다.

8)과 9) 같은 표현은 가능하다. 하지만 아래 제시한 문장 10), 11), 12) 같은 문장은 잘못 쓴 사례에 해당한다.

> 10) 나형의 경우 평이한 난이도를 보였지만 **고난이도 문항**들이 변별력을
>   갖춰….
> 11) 몇몇 문항은 **난이도가 높았고** 문항은 외부 지문이 많아서….
> 12) 절대평가로 실시된 영어영역은 전년도 수능보다 **쉬운 난이도**를 보이
>   면서도….

높다나 낮다와 어울려 쓰려면 난이도가 아니라 '난도'로 써야 한다. 위에서 예문으로 든 10)과 11), 12)를 바르게 고쳐 적으면 아래와 같다.

> 13) 나형의 경우 평이한 난이도를 보였지만 **고난도 문항**들이 변별력을
>   갖춰….
> 14) 몇몇 문항은 **난도가 높았고** 문항은 외부 지문이 많아서….
> 15) 절대평가로 실시된 영어영역은 전년도 수능보다 **낮은 난도**를 보이면
>   서도….

'승부욕이 넘치다'나 '승부하다' 같은 표현도 비논리적 표현에 해당한다. 왜냐하면 '승욕(승리욕)'과 '부욕(패배욕)'은 동시에 품을 수 없는 욕구이기 때문이다. 물론 승부욕이 표준국어대사전에는 없는 말이다. 다만 고려대 한국어대사전에는 '승부욕(勝負慾): 상대와 경쟁을 하여 승부를 내거나 이기려고 하는 욕구나 욕심'으로 올라 있기는 하다.

그렇더라도 승부욕이라는 말을 보편화한다는 데는 문제가 있을 수

있다. 승부를 포함하는 복합어로 '승부수', '승부차기', '승부처' 같은 말은 문제가 없다. 명사 승부는 '승부를 내다', '승부를 가리다', '승부에 집착하다'처럼 격조사를 붙여 사용하면 문제가 없다. 그러나 접미사 '-하다'를 붙여 '승부하다'로 쓰는 표현은 피하는 게 바람직하다. 언중이 널리 쓰는 말을 표준어로 삼는 게 합리적이긴 하지만 널리 쓰인다 해서 비문법, 비논리적인 말까지 표준어로 인정한다는 것은 분명히 문제가 있다.

그래서 이 같은 사례가 증감률, 고난이도, 승부욕 같은 단어에도 적용되지는 않을까 우려한다. 그렇게 되지 않기만을 바랄 뿐이다! 📝

제4부

그리고…

·
·
·

중국해양대학교 초빙교수 시절 가끔 한국학과 교수들과 회식 자리에 참석할 기회가 많았다. 회식이 끝나고 일어설 때 보면 회전 식탁에는 음식이 그득 남아 있었다. 버리고 가기가 아깝다는 생각이 들었는데 옆에 앉은 어느 교수에게 그 마음을 들키고 말았다. 중국 동포인 그가 웃으면서 한마디 했다.

"박 교수님, 아까우면 **거러마이**에 너(넣어) 가시라요(가세요)."

'거러마이'는 호주머니의 옌볜 방언이라고 했다. '아까우면 호주머니에 넣어 가라'는 말인데 순간적으로 어리둥절했다. 물론 중국에서는 요즘 음식점에서 먹고 남은 음식을 그냥 버리고 가지는 않고 비닐봉지에 담아 가기도 한다. 그걸 중국말로 '포장한다'는 의미의 '다바오(打包)'라고 하는데 '음식점에서 먹고 남은 음식을 싸 가다'라는 뜻으로 쓰인다.

방언을 딱히 비표준어라고 규정하지는 않지만 표준어에 포함하지는 않는다. 원말이나 전 용어, 북한어도 마찬가지이다. 그러나 비어나 속어는 표준어에 속하나 귀한(?) 대접을 받지는 못한다. 얼마 전까지만 해도 방언과 북한어가 표준국어대사전에 표제어로 등재하고 있었으나 최근에는 '우리말샘'에서 확인할 수 있다.

● 표준어와 비표준어

표준국어대사전에서 '이면수'라고 검색하면 뜻풀이에 '→ 임연수어'라고 되어 있다. 이면수는 비표준어이고 표준어는 임연수어라는 것이다. 마찬가지로 '알타리무'를 찾으면 '→ 총각무'로 나온다. 비표준어 알타리무의 표준어는 '총각무'라는 풀이이다.

● 복수 표준어

'짜장면'을 검색하면 뜻풀이 끝에 '=자장면'이라고 되어 있다. 이는 짜장면과 자장면이 복수 표준어임을 가리킨다. 근삿값 기호인 '≒'는 동의어를 가리키는 부호로 쓰인다. 표제어 '짜장면'에는 '=자장면'으로 돼 있지만 '자장면'에는 뜻풀이 끝에 '≒짜장면'이 달려 있다.

● 방언

예를 들면 '거시기 시방 싸게 안 오고 멋하냐?'하는 문장의 단어 6개 중에서 유일하게 '싸게'가 비표준어이다. '싸게'를 검색하면 뜻풀이는 없고 '우리말샘에는 3개의 검색 결과가 있습니다.'로 나온다. '우리말샘 검색 결과로 바로가기'를 누르면 '빨리'의 방언(강원, 경상, 전남, 충청)이라고 풀이되어 있다.

원말과 변한말

원말 '설마(雪馬)'의 변한말이 '썰매'이다. 변한말 썰매가 표준어이다. 원말 '해치(獬豸)'의 변한말은 '해태'이다. 서울시는 왜 시 상징물을 변한말 해태로 쓰지 않고 원말인 해치로 정했는지 필자는 짐작만 할 뿐 정확한 이유는 모른다. 원말 '해정(解酲)국'의 변한말은 '해장국'이다. 사람들은 해장국을 술에 찌든 창자[腸]를 풀어주는[解] 국이라고 착각하는데 사실은 숙취[酲]를 풀어주는[解] 국이 바른 설명이다.

전 용어와 신 용어

'간호원'은 전 용어이며 신 용어는 '간호사'이다. '하사관'도 '부사관'의 전 용어이다. 흔히들 많이 쓰는 '갑상선'과 '전립선'도 각각 '갑상샘'과 '전립샘'의 전 용어이다.

비속어(비어+속어)

비어(낮잡아 이르는 말)와 속어(저속하고 상스러운 말)를 아울러 이르는 말이 비속어이다. 엄밀히 말해 비속어도 표준어이다. 표준어이긴 하지만 일상에서 비어는 순화해서 쓰되 속어는 아예 안 쓰는 것이 바람직하다.

'월급을 받는 사람'을 나타내는 비어는 '월급쟁이'이다. 월급쟁이는

'봉급자' 또는 '봉급생활자'로 순화해서 쓰는 것이 바람직하다. '여편네'는 '결혼한 여자 또는 자기 아내'를 낮잡아 이르는 말(비어)이다. 요즘 노인을 이르는 은어 '꼰대'도 사실은 비어이다. 어르신으로 순화해 쓴다고 해서 돈 들 일도, 피해 볼 일도 아니다.

'너저분하고 미운 짓거리'를 나타내는 속어는 '개지랄'이다. 속어도 물론 표준어이긴 하지만 일상에서 쓰지 않아야 할 표현이다. 주로 부정적인 뜻을 더해 속어로 만드는 접두사 '개-'가 요즘 일부 세대에서 '매우'라는 의미로 무차별 쓰이고 있기도 하다. '오늘 기분 개좋다/개나쁘다'처럼 말이다. 이런 유행은 빨리 수그러지면 좋겠다는 바람이다. ▨

풍문으로 들었소!

.
.
.

    '풍문으로 들었소'는 함중아와 양키스가 부른 노래의 제목이며 SBS에서 방영한 드라마의 제목이기도 하다. 풍문(風聞)은 글자 그대로 바람처럼 떠도는 소문을 가리킨다.

    신라 제48대 경문왕은 왕이 되면서 귀가 당나귀 귀처럼 변했다고 한다. 이를 아는 단 한 사람, 복두장이㉠였다. 혼자만 아는 이 비밀을 평생 가슴에 담고 있다가 죽을 때가 되어 더는 참지 못하고 도림사(道林寺)의 대밭에 들어가 속 시원하게 내뱉고 말았다고 한다. "임금님 귀는 당나귀 귀!" 그 후 바람이 불 때마다 대나무 숲이 일렁이며 그 소문을 토해 냈다.

    "임금님 귀는 당나귀 귀!"

    이 소문은 순식간에 도성에 퍼져 나갔다고 한다.㉡

    "발 없는 말이 천 리 간다"라는 속담이 있다. 발도 없는 소문의 특성

㉠ 복두(幞頭): 임금이나 과거에 급제한 사람이 쓰던 관(冠)이며 복두장이는 복두를 만들거나 고치는 일을 하던 사람을 가리킨다.
㉡ 출처: 한국민족문화대백과사전(경문왕의 귀 설화).

은 돈다는 것이다. 그런데 소문은 내용이 중요할수록, 실문인지 허문인지 애매할수록 파급력이 크다는 내용이 미국의 사회심리학자 고든 올포트(Gordon Allport)가 1947년 출판한 《소문의 심리학(The Psychology of Rumor)》에 나온다. 그래서 R=I×A라는 식이 성립된다고 한다. R는 'Rumor(소문)', I는 'Importance(중요성)', A는 'Ambiguity(애매성)'라고 한다.

소문의 종류는 많기도 하다. 좋은 소문을 뜻하는 말도 많고 안 좋은 소문을 뜻하는 말도 많다. 가나다순으로 정리해 보면 다음과 같다.

가문(嘉聞): 좋은 소문

괴문(怪聞): 괴상한 소문

구문(舊聞): 이미 들은 소문

기문(奇聞): 기이한 소문

명문(名聞): 이름난 소문

미문(美聞): 아름다운 소문

부문(訃聞): 죽었다는 소문

빙문(憑聞): 간접적으로 들은 소문

선문(先聞): 미리 알리는 소문

신문(新聞): 새로운 소문

실문(實聞): 실제 들은 소문

어문(飫聞): 싫증이 나도록 들은 소문

염문(艶聞): 연애나 정사의 소문

오문(誤聞): 잘못 들은 소문

외문(外聞): 바깥 소문

원문(遠聞): 멀리까지 퍼지는 소문

유문(遺聞): 죽은 사람에 관한 소문

이문(異聞): 기이하고 이상한 소문

인문(仁聞): 어질다는 소문

일문(逸聞): 알려지지 않은 좋은 소문

전문(傳聞): 전해들은 소문

전문(轉聞): 간접으로 들은 소문

전문(前聞): 이전에 들은 소문

진문(珍聞): 진기한 소문

참문(慘聞): 처참한 소문

청문(聽聞): 들리는 소문

초문(初聞): 처음 듣는 소문

추문(醜聞): 추잡한 소문

측문(仄聞): 엿들은 소문

쾌문(快聞): 유쾌하고 시원한 소문

탐문(探聞): 더듬어 찾아가서 들은 소문

편문(片聞): 한쪽 편에서만 들은 소문

포문(飽聞): 싫증이 나도록 많이 들은 소문

풍문(風聞): 바람처럼 떠도는 소문

허문(虛聞): 헛소문

확문(確聞): 확실히 들은 소문

횡문(橫聞): 잘못 들은 소문

후문(後聞): 뒷소문

흉문(凶聞): 죽음의 소문

좋은 소문만 도는 세상이 되길 바라지만 안 좋은 소문도 많이 도는

세상이기도 하다. 좋은 소문은 사실이면 좋겠고 안 좋은 소문은 사실이
아니길 바라는 마음이다. 또 좋은 소문만 뿌리고, 퍼뜨리고, 돌게 하는
세상을 만들어 갔으면 하는 바람이다. 그래서 살 만한 세상이 오길 기대
한다! ✏️

톱으로 톺다

.
.
.

　실제로 젖 먹던 시절을 기억하는 사람이 얼마나 될까. 필자는 생생하게 기억하고 있다. 지금은 말도 안 되는 얘기지만 여섯 살까지 어머니 젖을 먹었으니까. 7남매 막내였으니, 1950~60년대에는 그럴 만도 했다.

　젖 먹던 기억 중에서도 유독 베틀 위에 앉아서 어머니 젖을 물던 기억은 잊을 수 없다. 베틀에 걸린 삼실이 어머니 허리에서부터 차곡차곡 삼베로 채워지고 있을 때 그 위에 앉아 젖을 먹었던 기억이 있다. 어머니가 유독 내가 막내라서 그랬다기보다는 이제 여성으로서 아이에게 마지막으로 젖을 먹이고 있다는 아쉬움에서 그렇게 오랫동안 젖을 떼지 않았을 수도 있다고 생각한다.

　어릴 때부터 어머니가 삼베를 '낳는' 모습을 곁에서 많이 보았다. 먼저 어른 키보다 훨씬 높이 자란 삼을 베어 오면 끝에 달린 곁가지와 잎을 낫으로 잘라낸다. 낫으로 잎을 쳐내고 줄기를 삼 솥이나 삼 굴에서 증기로 쪄낸 뒤 한동안 냇물에 담가 둔다. 여기까지는 남성의 일이고 그 다음 삼 껍질 벗겨 내는 일부터 베틀에서 삼베 짜기까지는 여성의 몫이었다.

'겨릅' 또는 '겨릅대'란 바로 껍질을 벗긴 삼대를 가리키는 말이다. 어린 우리는 긴 겨릅대 끝을 삼각형으로 만들어 고정하고 거미줄을 찾으면 거기에다 돌돌 말아 잠자리채를 만들었다. 그 잠자리채의 위력은 대단했다. 거미줄을 감은 삼각형 겨릅대를 잠자리에게 살포시 대기만 해도 여지없이 거미줄에 걸려들었다.

벗겨 낸 삼 껍질을 한 줌 쥐고 '톱'으로 '톺아낸' 뒤 입으로 가늘게 찢어 그늘에 말리면 거의 실에 가까운 모습이 된다. 그걸 입에 물고 침을 바르며 한 올씩 이어 갔다. 이때부터 여성들은 바빠진다. 이어진 삼 올을 손으로 잡아 허벅지 바깥쪽에 대고 팔로 비비면 비로소 삼실이 되어 체나 어레미 안에 둥글게 쌓여 간다.

그때쯤이면 우리 어머니와 누나의 팔과 허벅지는 피부가 벌겋게 부풀어 올랐다. 얼마나 쓰리고 아팠으면 잠도 이루지 못하고 통증을 호소하던 모습이 눈에 선하다.

삼실을 '날' 때가 되면 풀을 먹인 여러 가닥의 삼실을 겻불 위로 통과시켜 '도투마리'에 감았다. 날실로 '매는' 작업이다. 도투마리에 실이 서로 붙지 않게 사이사이 '뱁대'를 넣으며 감아 간다.

삼실 중 일부는 '꾸리'에 감아 둔다. 나중에 이 실꾸리가 '북'에 들어가면 씨실이 되어 베틀에서 날실과 교차하면서 베가 짜이는 것이다. 베틀이 설치되고 베틀 위를 통과한 날실의 끝이 어머니의 허리춤에 묶인다. 북을 날실 사이 좌우로 통과시킬 때마다 '바디'로 한 번씩 치면 비로소 삼베가 짜이는 것이다. 윗날과 아랫날이 아래위로 번갈아 바뀌는 순간순간 북이 통과하면 베가 짜이는데 그렇게 바꿔주는 역할은 베틀의

'잉아'가 맡는다. 잉아는 발에 연결돼 조종되기에 북-바디-잉아를 순차적으로 움직이려면 양손과 발의 타이밍이 중요하다.

'베틀에 북 나들듯'이란 관용어에서 알 수 있듯이 북이 들면서 바디로 탁 치고, 북이 나면서 바디로 탁 치면서 한올 한올 엮어간다. 그렇게 긴 시간 북질과 바디질을 수없이 반복해야 비로소 한 필의 고운 삼베를 만날 수 있다.

기억을 더듬어 적다 보니 혹 놓치거나 잘못된 부분이 있을 수도 있다. 다만 작은따옴표로 싼 길쌈 용어를 다시 살펴보는 것으로 보완하려 한다.

겨릅(대), 날다, 톱, 톺다, 도투마리, 날다, 매다, 뱁대, 꾸리, 잉아, 북, 바디

이참에 우리말이 분명한데 우리가 잘 모르는 두 음절 단어를 살펴보려고 한다. 비록 많이 쓰이지 않는다 해도, 자주 쓸 이유가 없는 단어라 해도 알아둘 필요는 있겠다 싶어 예문을 곁들여 설명을 대신한다. 스스로 얼마나 알고 계시는지 하나씩 살펴보기 바란다.

결다: 그는 때에 결고 기름에 결은 작업복을 입고 있었다.
겹다: 그는 행복에 겨워 함박웃음을 터뜨렸다.
고다: 닭을 한 마리 고아 몸보신이라도 해야겠다.
곱다: 손이 곱아서 글씨를 제대로 쓸 수가 없구나.
괄다: 불이 너무 괄아서 밥이 타고 말았다.
기다: 도대체 기다 아니다 말은 있어야 할 것 아닌가? (기다는 '그것이다'의 준말)

깃다: 잡초만 수북이 깃은 밭을 보면 얼마나 게으른지 짐작이 간다.

끗다: 배에 묶인 밧줄만 끄어 당겨 보았다.

뇌다: 체에 한 번 치긴 했는데 아직 거칠어 다시 뇌어야겠다.

눅다: 추위가 제법 눅어 봄 날씨 같다.

덖다: 그는 날마다 매일 차를 덖어 낸다.

뒤다: 저 나무는 곧게 자라지 못하고 뒤었구나.

뙤다: 도자기를 떨어뜨렸더니 주둥이가 뙤고 말았다.

뭇다: 그들은 서로 사돈으로 무었다.

미다: 창호지 문을 조심스럽게 옮겨 달다가 그만 창호지를 미어 버렸다.

밭다: 젓국을 밭아서 김칫소에 버무려야겠다.

솔다: 상추를 오래 뒀더니 다 솔아 버렸어.

숙다: 가을바람에 무더위가 한풀 숙었다.

슬다: 아이고, 장독에 파리가 쉬를 슬어 놓았다.

쌔다: 세상에 쌔고 쌘 게 남자이다. (쌔다는 '쌓이다'의 준말)

쏠다: 문을 쏠아 쥐구멍을 만들어 버렸어.

쓸다: 줄로 톱날 좀 쓸어라.

슳다: 아직 쌀에 뉘가 많으니 한 번 더 슳으면 좋겠다.

에다: 가슴이 칼로 에는 것처럼 아팠다.

옥다: 시세를 보니 몇 백만 원 옥아도 팔아 치우는 게 나을 것 같다.

욱다: 그는 회사 부도 이후 욱어 지내고 있다.

이다: 그 어르신은 아직도 초가지붕을 인 집에서 사신다.

잣다: 무명실을 잣는 물레 소리가 새벽잠을 깨웠다.

조다: 정으로 대리석을 조아 비석을 만들었다.

톺다: 톱으로 삼을 톺았더니 팔이 많이 아파.

헤다: 수돗물이 나오지 않아 개울물에 빨래를 헤고 왔다.

호다: 어머니는 적삼을 다 호고 난 다음 다시 치맛단을 감치셨다. 🖋

쏦졷 한 흜

.
.
.

중국해양대학교 한국학과 초빙교수 시절 강의 중에 의태어를 설명
하면서 '둘둘 말다'와 '살살 걷다'의 살살과 둘둘을 '쏦쏦', '쏦쏦'이라
고 적었더니 학생들이 고개를 갸웃했다. '沙'와 '斗'에 한국어 'ㄹ'과 모
습이 닮은 한자 '새 을(乙)'을 받침으로 쓴 한국 한자라고 했더니 그제야
학생들이 웃기 시작했다.

처음에는 그냥 농담으로 하는 줄 알고 재미있어 했지만 실제 한국의
한자사전에 실린 글자라는 말을 듣고는 모두 놀라워했다. 그리고 너나
할 것 없이 옮겨 적기에 바쁜 모습을 보였다.

   1) 쏦졷 한 흜이라도 버리지 말고 흜 주워라.
   2) 종이를 쏦쏦 말아라.
   3) 싹을 틀乙 때는 쏦쏦 다녀라.
   4) 성난 황소가 쏦쏦에서 쏦쏦이 날뛴다.

이렇게 적으면 이상한가? 다시 훈을 달아 보았다.

   5) 쌀알(쏦졷) 한 톨(흜)이라도 버리지 말고 잘(흜) 주워라.

6) 종이를 둘둘(乧乧) 말아라.

7) 둑(斗ㄱ)을 걸을(乬乙) 때는 살살(乷乷) 다녀라.

8) 성난 황소가 들길(㐘㐘)에서 길길(㐟㐟)이 날뛴다.

임꺽정을 한자로는 '林巨正(임거정)' 또는 '林居叱正(임거질정)'으로 적지만 '林巪正(임걱정)'으로 적기도 한다. 이 '걱(巪)'의 생김새를 보면 클 거(巨)에 기역(ㄱ)을 받친 꼴을 보인다. '巪'이 순우리말 '걱'을 음역한 한자가 될 것이다.

그래서 여기서는 순우리말의 한자 음역어(音譯語)에 해당하는 우리나라에서 만든 한자어를 좀 살펴보려고 한다. 익힌다기보다는 편하게, 그냥 스쳐 가는 재미로 훑어보면 좋을 것이다.

9) 巨(거)에 乙(ㄹ)을 받치면 乬(걸)이 되고 土(토)에 乙(ㄹ)을 받치면 乼(톨)이 된다.

10) 文(문)에 乙(ㄹ)을 받치면 乯이 되는데 이 글자는 乯(물)이 아니라 乯(글)로 읽히며 米(미)에 乙(ㄹ)을 받치면 䉐(밀)이 아니라 䉐(쌀)로 읽힌다.

음역어란 원래 외국어의 소리를 빌려(음차)와 한자음으로 나타낸 말을 가리키는데 주로 중국에서 외국어를 한자로 표기하는 경우를 예로 들 수 있다. 가령 '마트(mart)'를 '마터(馬特)'로, '맥도널드'를 '마이당라오(麦当劳)'로, '콜라(cola)'를 '컬러(可乐)'로 쓰는 경우가 이에 해당한다.

아래 적은 한자는 죄다 순우리말 음역어라고 해도 무방할 것이다. 평소에 한두 자씩 적어 보다 재미가 들어 수북이 쌓였기에 옮겨 보았다. 일단 어떻게 읽을지 스스로 유추해 보는 것도 흥미로울 것이다. 가나다 순으로 나열했으므로 그리 어렵지는 아닐 것이다.

이들 한자의 훈은 다음과 같다.

갈 갈 걱 걸 걸 걸 골 골 굴 굴 글 길 길 놀 놀 돌

돌 둑 둘 둘 둘 들 뜰 뜰 몰 볼 살 살 설 설 솔 솔

쌀 알 얼 올 올 올 울 율 율 잘 절 줄 찰 톨 할 홀

시간 날 때 친구들에게 재미 삼아 순우리말을 음역해 메시지로 보내면 어떨까 싶다. 🖋

참/참/참/참

.
.
.

한때 유행했던 게임 중에 '참참참'이란 게 있다. 가위바위보 해서 이기면 상대방 얼굴 바로 앞에 손을 갖다 세우고 "참참참"이라고 외친다. 마지막 "참"과 동시에 손을 왼쪽이나 오른쪽, 위쪽이나 아래쪽으로 움직일 때 상대방의 고개가 손을 따라 움직이면 지는 게임으로 패자는 벌칙을 받는다. 벌칙은 주로 이마에 '알밤' 먹이기이다. '딱밤'이나 '뚝밤'이라고들 하지만 이들은 모두 비표준어이다. 그러나 고개가 손과 반대 방향으로 움직이면 역할이 바뀌면서 게임이 이어진다.

게임 '참참참'에다 참을 하나 덧붙여 '참참참참'이라고 소제목을 달았다. 그래서 이 '참'의 네 얼굴을 가볍게 살펴보았다.

1) **참**, 너는 그 사람을 사랑한다 했지?
2) 맞아. 나 그 사람 **참** 사랑해.
3) 너희는 **참**사랑(을) 하는구나!
4) 그래. 우리 사랑은 **참**이야!

위 예문의 네 가지 '참'이 모양은 같지만 성격은 각각 다르다. 예문에서 쓰인 참의 4가지 기능을 순서대로 적으면 1)감탄사 2)부사 3)접두사

4)명사이다.

● 감탄사 참

"참, 너는 그 사람을 사랑한다 했지?"에서 '참'은 감탄사이다. 뭔가 잊고 있다가 갑자기 생각나서 말하고 싶을 때 사용한다. 어이없는 상황에서 내뱉는 "참, 나…."의 '참'도 감탄사이다. 또 학생들이 듣기 싫어하는 말 "참, 너성적표 나왔다고 했잖아."의 '참'도 감탄사이다. 돈 빌린 사람의 가슴이 철렁하는 말 "참, 그 돈 오늘 갚기로 했잖아"의 '참' 역시 감탄사이다.

이런 경우 감탄사 '참' 뒤에 쉼표를 찍을 것인가 말 것인가? 딱히 규정은 없어서 붙이든 안 붙이든 필자 마음이긴 하나 감탄사에 이어 주어가 뒤따르는 문장이라면 쉼표를 찍는 것이 바람직하다.

● 부사 참

"맞아. 나 그 사람(을) 참 사랑해."의 참은 용언 '사랑하다'를 꾸미는 부사 기능을 한다. 그런데 문장에서 가끔 체언 바로 앞에 '참'을 쓰는 경우를 볼 수 있다. '참'은 관형사로는 쓰이지 않기 때문에 '참' 뒤에 체언이 바로 따를 수 없다. 굳이 체언을 꾸미고 싶다면 접두사로 쓰이는 '참-'을 체언에 붙여 써서 파생어로 만들면 된다.

5) **참** 평안을 누리고 싶다.
6) **참** 사랑을 하고 싶다.

'참' 뒤의 '평안'이나 '사랑'은 체언이다. 이렇게 쓸 수는 없다. 그럼에도 이렇게 잘못 쓰는 예가 참 많다! '참 평안하다.'나 '참평안을 누리고 싶다.' 처럼 써야 바른 표현이 된다.

● 접두사 참

"너희는 참사랑(을) 하는구나!"의 '참-'은 접두사이다. 참사랑, 참뜻, 참 흙, 참젖, 참꽃, 참살구, 참기름 등으로 쓰인다. 우리말에서 단어는 단일어 와 복합어로 나뉜다. 또 복합어는 합성어와 파생어로 나뉘는데 바로 이 접 사(접두사와 접미사)가 단일어에 붙으면 파생어가 된다.

  7) 우리나라에서 그분 외에 **참사람**이 또 있을까?
  8) 자식들에게 **참삶**을 가르치는 것이 부모의 도리이다.

● 명사 참

마지막으로 "그래. 우리 사랑은 참이야!"라는 문장에서 '참'은 명사 이다. 비슷한 말은 '진실'이고 반대말은 '거짓'이다. 다른 사람의 말이 나 행동을 보고 참인지 거짓인지 구별하기는 쉽지 않다. 결과를 보고 판 단할 수는 있지만 반드시 그렇지는 않다.

한 가지 덧붙이면 부정의 부정은 긍정이라고 한다. 그렇다면 거짓의 거짓은 참일까?

9) "그레데인 중의 어떤 선지자가 말하되 그레데인들은 항상 거짓말쟁이
며…."⑦

그레데(크레타) 사람이 말하기를 그레데 사람들은 거짓말쟁이라고
했다. '그레데 사람들은 거짓말쟁이'라고 한 그 사람 역시 그레데 사람
인데, 그렇다면 그레데 사람들은 거짓말쟁이가 아닐 수도 있다. 이 말
을 한 사람이 거짓말쟁이니까.

여기 '어떤 선지자'의 이름을 따서 '에피메니데스 패러독스(Epimenides
Paradox)'라고 하는데 '거짓말쟁이의 역설(Liar Paradox)'이라고도 한
다. 이 역설에는 두 가지 가설이 나온다.

첫 번째 가설: 이 말을 한 사람이 **참**이면 그레데 사람들은 거짓말쟁이라
는 그 말이 **참**이다.
두 번째 가설: 그러나 이 말을 한 사람도 그레데 사람이기 때문에 그의 말
이 **거짓**이라면 그레데 사람들이 거짓말쟁이라는 그 말은
거짓이다.

긍정의 긍정은 부정이라는 논리가 우리말에서는 있을 수 없는 일이지만
수사법을 쓰면 가능하기는 하다. 수사법 중에서도 반어법을 쓴다면 말이다.
이렇게….

---

⑦ 신약성경 디도서 1장 12절.

"우리말에서는 긍정의 긍정은 부정이란 논리가 성립되지 않는단다!"
"잘도 그러겠다!"

"이만큼 줄 테니 많이 먹으렴!"
"참 푸지게도 준다."

우리말 감탄사에 감탄하다

.
.
.

"엄마, '예'와 '아니요'의 품사가 뭔지 알아?"

　중학교 1학년을 갓 수료한 딸아이가 식탁에서 엄마에게 이렇게 물었단다. 딸의 느닷없는 질문에 엄마도 처음엔 당황했지만 바로 얄미워지기 시작했단다. 뻔히 알고 있으면서 '아마도 엄마는 모를걸, 흐흐….' 하는 속셈이 보였기 때문이란다. 맹랑한 그 딸아이는 바로 필자에게 2개월간 문법을 배운 제자이고 그의 엄마는 잘 아는 회사의 전무이시다. 그렇게 똑똑했던 그 아이는 이제 어엿한 대학생이 되었다.

　그렇다. 응답 표현인 '예'와 '아니요'[ㄱ]는 감탄사이다! 감탄사가 뭔가. 말하는 사람의 '놀람'이나 '느낌', '부름', '응답'을 나타내는 품사를 가리킨다. 문장 성분으로는 독립어에 해당한다. 아기를 어르고 달랠 때 흔히 쓰이는 말도 감탄사가 대부분이다.

ㄱ '아니다'의 어간 뒤에 연결어미 '-요'가 붙어 감탄사 '아니요'가 된다. '당신은 예요, 나는 아니요.' 형식으로 이해하면 된다. '내가 기다리는 사람은 당신이 아니오.'의 '아니오'는 종결어미 '-오'가 붙은 것이다.

1) 까꿍, 죔죔, 어부바, 짝짜꿍짝짜꿍, 쉬, 곤지곤지, 곤두곤두, 섬마섬마, 도리도리, 둥개둥개...

그러면 아래 표현을 높임 기준 오름차순으로 정리해 보자.

2) 여보, 여보게, 여보게나, 여보세요, 여보셔요, 여보쇼, 여보시게, 여보 시오, 여보십시오, 여보아라, 여봐, 여봐라, 여봐요, 여봅시오, 엽쇼

아래와 같은 순으로 정리해 볼 수 있을 것이다.

3) 여봐/여보아라(여봐라) → 여보 → 여보게나 → 여보게 → 여보시게 → 여봐요 → 여보시오(여보쇼/엽쇼) → 여보세요/여보셔요 → 여보십시 오(여봅시오)

한편 같은 상황에서 다양하게 쓰이는 감탄사도 있다. 우리말이 얼마나 다양한지를 알 수 있다. 모든 일이 잘 이루어지지 않아 '탄식'하는 심리가 담겨 있는 감탄사도 다양하다. 다만 '애그머니'나 '에그머니'는 북한어로 분류돼 있다.

4) 아이고(애고), 어이구(에구), 아이코, 어이쿠(에쿠), 에꾸, 아이고머니 (애고머니), 어이구머니(에구머니)

같은 의미로 쓰이는 감탄사를 좀 더 나열하면

5) 애걔걔, 에계계

6) 아뿔싸, 어뿔싸, 하뿔싸

7) 체, 쳇, 치

8) 배라먹을, 빌어먹을

9) 제, 제미, 제기랄, 제미붙을, 제미랄, 제밀할, 젠장, 젠장할, 젠장칠

우리가 흔히 잘못 쓰는 감탄사로 '얼레리꼴레리', '잼잼', '으샤으쌰'가 있는데 그중에서 얼레리꼴레리의 표준어는 '알나리깔나리'이고 '잼잼'의 표준어는 '죔죔(=죄암죄암)'인데 '으샤으쌰'는 사전에 없다. 물론 국립국어원 '우리말샘'에 표준어 제안이 올라 있기는 하다.

필자는 표준국어대사전에 올라 있는 800개가 넘는 감탄사를 다 뒤져서 가장 근사한 표현이라면 찾아보려고 애를 써 봤다. 아마도 '영차'와 비슷한 의미의 '여차'를 겹쳐 쓴 '여차여차'이면 가능하다 싶었다. 물론 '여차여차하다'의 어근인 '여차여차(如此如此)'는 아니고….

마지막으로 감탄사로 올라 있는 외래어가 있다는 것도 기억해 두자.

10) 레디고(ready go): 촬영 시작!

11) 브라보(bravo): '잘한다!', '좋다!', '신난다!'

12) 빠이빠이(bye-bye): 안녕!(헤어질 때)

13) 아멘(amen): 동의합니다!

14) 액션(action): 촬영 시작!

15) 오버(over): 한쪽 대화 끝!

16) 컷(cut): 촬영 멈춰!

17) 파이팅(fighting): 아자!

'워리'는 개를 부를 때, '요요요'는 강아지를 부를 때, '아나나비야'는 고양이를 부를 때, '둬둬둬'는 돼지를 부를 때, '네미'는 욕이 아니라 송아지를 부를 때 내는 감탄사이다. ✏️

어르신과 선생님

:
:
:

1) 노인의 은어는? 꼰대

2) 노인을 높여 가리키는 말은? 노존(老尊)

3) 노인을 높여 부르는 말은? 노야(老爺)

4) 여성 노인은? 노파(老婆)

5) 노파의 반대말은? (   )

　노인을 보고 "노인님!" 또는 "노존!"이라고 부르지 않고 "할아버지!" 또는 "할머니!"라고 부른다. 그런데 노인 자신은 손주가 아닌 다른 사람에게 할아버지나 할머니로 불리는 것을 달가워하지 않는다. 세상에 늙은이 호칭을 달가워하는 사람은 없으니까.

　여성 노인을 '노파(老婆)'라고 하면 높임말로 받아들이지 않지만 노파의 반대말인 '노옹(老翁)'은 높임말로 들린다. 나이 든 아내가 남편을 '영감탱이'라 부르고 남편은 아내를 '할망구'라고 낮춰 부르기도 한다. 그게 서로 친하게 지낸다면 애칭(愛稱)이 되고 소원한 관계라면 비칭(卑稱)이 된다.

　요즘 '꼰대'라는 말을 쉽게 들을 수 있다. 꼰대는 노인을 비하하는 말이다. '꼰대 소리 듣지 않으려면….'처럼 사용되지만 그래도 아닌 건 아니다. 그래서 요즘 '라떼 이즈 홀스'가 꼰대의 특징이라고 하던가. 'Latte is horse(=나 때는 말이야).'

요즘은 거의 들어보기 힘든 말이지만 '노야(老爺)'라는 존칭이 다시 살아났으면 좋을 듯싶다. 동아일보에서 교열기자로 있을 때 어느 후배가 필자를 부를 때 늘 '박 노야'라고 했다. 노야라는 호칭이 익숙하진 않았지만 그리 듣기 싫지는 않았다. 요즘도 수화기 저 너머에서 심심찮게 들을 수 있다. "박 노야!" 듣기에 괜찮은 호칭이다.

우리나라 사람이 친한 관계가 아닌 사람 또는 나이 차이가 많이 나는 사람과 대화할 때 어려움을 느끼는 데는 이유가 있다. 편하게 대화할 수 없는 이유 말이다. 첫째는 말을 할 때 상대에 따라 높이는 말(공대어, 恭待語)과 낮추는 말(하대어, 下待語)을 가려 써야 하는데 공대어와 하대어 사이의 평대어(平待語)도 무시할 수 없기 때문이다. 둘째는 가리키는 말(지칭어, 指稱語)과 부르는 말(호칭어, 互稱語)도 구분해 써야 하기 때문이다.

물론 지칭어와 호칭어가 같은 경우는 그나마 좀 쉬운 편이다. 이 두 가지 이유가 '대화의 담'으로 작용할 때가 많다고 본다. 그래서 처음 만났든 아니든, 나이가 많든 적든, 남자든 여자든 냅다 이름을 불러대는 서양인들이 부러울 때도 있다.

중국에서는 사무직원이든, 창구 직원이든, 식당 종업원이든 '푸우위안(服務員)'이란 호칭 하나로 통한다. 중국해양대에서 한국어를 가르칠 때 만난 칭다오대 중국동포 교수의 이야기가 새롭게 다가온다.

그는 처음 서울에 가게 됐는데 식당에 가서 종업원을 어떻게 불러야 할지 몰라 망설였다고 한다. 중국어 '푸우위안'의 한국 한자 발음대로 부르면 되겠구나 싶어 손을 들고 "복무원!"이라고 냅다 소리쳤더니 주위 사람들이 이상한 눈으로 바라보더라는 것이다. 아마도 북한에서 온 사람인 줄 알고 그랬으리라. 오래전 이야기이니까.

우리는 식당에서 음식을 주문할 때 부르는 말이 참 많다. 과거처럼 "사장님"이나 "아가씨", "아주머니"라고 부르는 사람은 요즘 거의 없다. 그 대신 "언니", "이모"가 대세로 자리 잡았다. 그 외에도 호칭을 생략하고 "여기요", "저기요", "주문요", "주문할게요", "잠깐만요" 하기도 한다. 아예 들어가자마자 종업원을 부르는 대신 "짜장면 둘이요!" 하며 바로 주문에 들어가는 사람도 많다.

과거에 많이 사용했던 "아가씨", "아줌마", "아저씨"라는 호칭은 거의 사라져 가고 있다. 또 "○ 군!", "○ 양!" 하던 '군'이나 '양'도 이제는 예식장 주례에게나 들을 수 있는 호칭이다. 주례가 사라져 가는 세상이니 이마저도 듣기 어려워질 것이다.

직장에서도 마찬가지이다. 주로 직책을 호칭으로 부르고 있으나 친해지면 상사를 "선배"라고 부르고 상사는 후배의 이름을 부른다. 필자가 아는 어느 회사에선 대표를 비롯해 모든 구성원이 직책을 부르지 않고 서로 영어 애칭을 부른다.

한때 "사장님"과 "사모님"이 대세로 통용되던 시절도 있었다. 애매할 때는 "사장님", "사모님"이라 부르면 무리 없이 대화를 시작할 수 있었으니까. 지금도 가끔 들을 수 있는 호칭이긴 하다.

그러던 것이 이젠 "사장님" 자리에 "선생님"이 대신 들어왔다. 나에게 강의 들으시는 분들이나 교열을 의뢰하시는 분들에게 일단은 "선생님"으로 부른다. 그렇게 부르는 이유는 상대를 존중한다는 의미도 있지만 달리 부를 수 있는 말을 찾기가 쉽지 않기 때문이다. 또 대상이 남성이든 여성이든 가리지 않고 부를 수 있는 호칭이라 무난하게 사용하고 있다. 수강생이든, 교열 의뢰하시는 분이든 모두가 나에게는 고객이다. '선생님'보다 더 존중을 표하면서도 보편적인 호칭은 없는 것 같다.

몇 년 전 노인의 호칭을 주제로 패널들이 앉은 자리에서 쌍방 토론하는 세미나에 참석한 적이 있다. 노인을 '어르신'으로 높여 부르는 게 좋겠다는 쪽으로 의견이 모아졌던 것으로 기억한다. 물론 같은 높임말임에도 '노존께서'보다는 '어르신께서'가, '노존들이'보다는 '어르신들이'가 훨씬 현실감 있게 다가온다.

노인의 존칭인 어르신은 지칭, 호칭 구분 없이 사용할 수 있어서 더욱 좋다. 이젠 노인을 "어르신"이라고 부르고 어르신으로 대접해 드리자! 📝

나봇(Naboth)의 포도원

.
.
.

● 낮추지도 말고 차별하지도 말고…

성경에 나봇(Naboth)이라는 사람이 나온다. 그는 포도원(vineyard) 주인이다. 그 당시 아합이라는 못된 왕이 자기 정원으로 꾸미겠다며 나봇의 포도원을 사고 싶어 하는데 나봇은 대대로 이어온 밭이라 팔 수 없다며 거절한다. 그러자 왕은 그 포도원을 갖고 싶어 안달하다 식음을 전폐하고 자리에 누워 지낸다. 아합 왕보다 더 못된 왕비 이세벨이 나서서 나봇을 모함하고 그를 돌에 맞아 죽게 만든다. 당연히 나봇의 포도원은 아합 왕의 소유가 된다.[ㄱ]

여기서 유래한 관용어가 바로 'Naboth's Vineyard(나봇의 포도원)'인데 '꼭 손에 넣고 싶은 것'이란 의미로 쓰인다. 세상에는 자기가 갖고 싶은 것이라면 수단과 방법을 가리지 않고 취하려 드는 사람도 있다. 상대가 약자임에도….

이런 사람을 빗대 할 수 있는 속담이 바로 "문둥이 콧구멍에 박힌 마

[ㄱ] 구약성경 열왕기상 21:1~16.

늘씨도 파먹겠다."이다. 사실 이것은 쉽게 인용할 수 없는 속담이다. 인용하면 안 된다. 나환자를 비하해서 쓰는 말이 문둥이이다. 요즘은 나환자 또는 나병환자를 언제부터인가 나병균을 발견한 사람의 이름을 따서 한센인으로 바꿔 부르고 있다. 다행이다!

🔴 신체장애 비하

신체장애를 빗댄 표현은 글에서는 물론이고 입말에서도 쓰지 않아야 한다. '꿀 먹은 벙어리', '장님 문고리 잡듯', '절름발이 행정' 같은 표현 말이다. 언론기사에서 가끔 등장하는 '국회의 파행이 계속되고 있다'라는 표현도 그리 권할 만한 표현은 못 된다. '파행(跛行)'은 절름발이 걸음을 의미하기에 하는 얘기다.

아직도 신체장애 또는 정신장애가 있는 사람과 그렇지 않은 사람을 아울러 말할 때 '장애인과 일반인' 또는 '장애인과 정상인'으로 표현하는 사람이 있으니 더 말해 무엇하랴! 안타깝다!

🔴 성차별

성차별 또는 여성 비하 표현도 삼가는 게 바람직하다. 대표적인 표현이 속담 "암탉이 울면 집안이 망한다." 같은 것이다. '출산율' 또한 여성이 아기 낳는 비율이란 의미에서 그리 바람직한 표현은 못 된다. 태어난 아기의 비율인 '출생률'로 쓰는 게 좋을 것이다.

그리고 요즘 정부기관이나 공기관에서 발간하는 보고서에서는 '폐경' 대신 '완경'이란 표현을 쓰고 있다. 이 용어가 빨리 표준국어대사전에 표준어로 오르면 좋겠다. 기대한다!

● 섬찟한 표현

또 '직장에서 잘리다'나 '시간을 죽이다', '피 튀기다', '진검승부'[ㄱ] 같은 섬찟한 표현도 삼가는 게 좋다. '직장에서 해고되다', '시간을 보내다', '치열하다', '정면승부' 같은 무섭지 않은 표현으로 쓰면 좋지 않겠는가. 굳이 '죽음'을 내세워 강조할 필요가 있을까? 버릴 것은 버리자!

● 적절한 지칭과 호칭

지칭(가리키는 말)이든 호칭(부르는 말)이든 상대가 들었을 때 불쾌감을 느낀다면 그렇게 부르지 않아야 한다. 고령화사회, 초고령화사회라는 말이 이젠 익숙하다. 노인 세대가 많아진다는 증거이다. 요즘은 60~70대 어른께 할아버지, 할머니라 부르는 것은 결례(?)일 소지가 많다. '내가 왜 할아버지야?', '내가 왜 할머니냐?' 하는 반감을 살 수도 있기 때문이다.

'어르신'으로 부르자. 60대인 나는 나보다 나이가 많아 보이면 어르

[ㄱ] 진검승부(眞劍勝負): 일본어 '신켄쇼부(しんけんしょうぶ)'에서 온 말이다. 일본어에서는 '진짜 칼을 가지고 벌이는 결투', '목숨을 건 승부'를 의미한다.

신으로 부른다. 어르신으로 불렀을 때 상대가 불쾌하다거나 못마땅하다는 반응을 본 적이 없기 때문이다.

● 정부와 언론에 기대한다

특히 언어와 직접적인 관련이 있는 교육부와 문화체육관광부의 지속적인 관심과 적극적인 의지가 효과를 볼 때이다. 언론의 역할도 무시할 수 없을 것이다. 대중의 언어생활은 언론의 영향을 많이 받기 때문이다. 정부와 언론의 역할이 지속된다면 한국어가 아름다운 표현이 가장 많은 언어로 기네스북에 오를 날도 머지않을 것이다.

처제의 남편과 누이의 며느리

.
.
.

우리 아들이 결혼하기 전에 아내와 함께 아들과 예비 며느리를 데리고 처가로 갔다. 처가 가는 길에 차 안에서 아들이 물었다. "처제의 남편과 처남의 아내를 어떻게 불러야 해요?"

처가에 도착해 처가 식구들이 마련한 만찬 자리에서 처남 다섯 중 둘째가 묻는다. "자형, 누나의 며느리를 우린 뭐라고 부르지요?" 결혼 몇 주 전에는 사위가 필자에게 물었다. "아버님, 형님(처남)이 결혼하는 사람을 앞으로 저는 어떻게 불러야 하지요?"

우리나라에서 계촌이나 지칭, 호칭이 복잡하다고 해도 단 두 사람 관계만 놓고 따지면 그리 어렵지 않다. 하지만 "아들이 며느리의 여동생 남편을 어떻게 불러야 하나?"처럼 "누구의 누구가 누구의 누구를 어떻게 불러야 하나?" 식으로 물으면 누구든 머리를 좀 굴려야 하리라.

● 누나의 며느리

먼저 생각해야 할 것은 사람에게 뜻을 두어 일컫는 칭호(稱號)는 '지칭(指稱)'과 '호칭(呼稱)'으로 구분된다. 지칭이 '가리키는 칭호'라면 호칭은 '부르는 칭호'라 할 수 있다. 가령 '남편'이 지칭이라면 '여보'는 호칭인 것이다. 하긴 남편을 부를 때 "남편!"이라는 분도 보긴 했다.

많은 사람이 인간관계에서 지칭과 호칭을 선택할 때 혼란스러워한다. 동아일보에서 교열기자로 재직할 때 외부에서 이 호칭과 지칭에 관련한 질문을 수도 없이 받았으니까.

그러면 '누이의 며느리'의 지칭과 호칭부터 살펴보기로 한다. '누이'는 '손위 여형제(누나)'와 '손아래 여형제(누이)'의 통칭이지만 주로 손아래 여형제를 가리키는 말이다. 여기서는 누이를 손위 여형제와 손아래 여형제의 통칭으로 쓴다.

누이의 아들을 '생질', 딸은 '생질녀'라고 하는 게 전통적 칭호이지만 요즘은 대부분 그냥 '조카'로 통일해 쓰이기도 한다. 따라서 누이의 며느리는 '생질부'이다. 하지만 그냥 '질부'나 '조카며느리'로 부르기도 한다. 따라서 누이의 며느리 지칭은 '생질부' 또는 '조카며느리'이며 호칭은 '생질부'이다. 그냥 '질부'라 불러도 좋고 지명을 붙여 'OO 질부'라고 불러도 무방하다. 반대로 생질부 편에서 남편의 외삼촌 지칭은 '시외숙부'나 '시외삼촌' 모두 가능하다. 호칭은 '외숙부님'으로 쓰면 된다.

처남의 아내

처남의 아내 칭호는 '처남댁' 또는 '처남의 댁'으로 지칭과 호칭이 같다. 그런데 자기 아이가 부르는 대로 '외숙모'로 부르기도 하는데 그보다는 아이의 이름을 앞에 붙여 'OO 외숙모'로 부르는 게 바람직하다.

반대로 시누이 남편의 지칭은 '시매부', 호칭은 '서방님'이다. 역시 자기 아이의 호칭에 따라 '고모부'라 부르기도 하지만 자기 아이의 이름을 앞에 붙여 'OO 고모부'라고 부르는 것이 바람직하다.

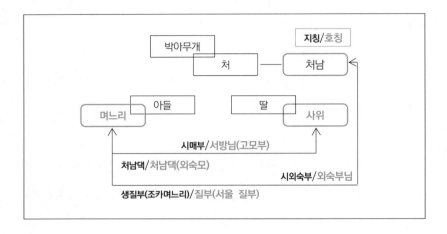

● 처형이나 처제의 남편

처형이나 처제 남편의 지칭은 '동서'로 같으나 호칭은 다르다. 통상 처형의 남편은 '형님'이나 지명을 붙여 'OO 형님'으로, 처제의 남편은 성을 붙여 'O서방'으로 부른다. 참고로 '동서'는 시아주버니나 시동생 아내의 지칭이기도 하다.

그러나 호칭은 다르다. 시아주버니의 아내는 주로 '형님'이나 지명을 붙인 'OO 형님'으로 부르지만 시동생의 아내는 '동서' 또는 지명을 붙인 'OO 동서'로 부른다.

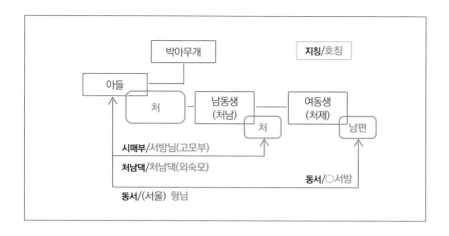

시대가 바뀌면서 지칭이나 호칭도 많이 변화되고 있다. 예를 들면 손주들이 친가 쪽 조부모를 친할아버지, 친할머니 또는 그냥 할아버지, 할머니로 부르고 외가 쪽 조부모를 외할아버지, 외할머니로 불렀다. 그러던 것이 남녀평등이라는 개념에 따라 양쪽 모두 할아버지, 할머니로 부르든지 아니면 살고 계시는 지역 명을 붙여 '대전 할아버지', '광주 할머니'처럼 부르기를 권하고 있다.

마찬가지로 손주를 부를 때도 친가 외가 구분하지 않고 '서울 손주', '부산 손주'처럼 부르자는 것이다. 친손주와 외손주가 다 있는 필자로서는 나름대로 괜찮다는 생각이 든다. HPI

처삼촌 뫼에 벌초하듯

> .
>
> .
>
> .

추석을 앞두고는 어느 집안이나 조상의 묘소에 벌초를 한다. 우리 속담에 "처삼촌 뫼에 벌초하듯 한다."가 있다. 이는 일에 정성을 들이지 아니하고 마지못해 건성으로 함을 비유적으로 이를 때 쓰이는 속담이다.

● 의미 축소_벌초/수저

이 속담에 포함된 단어 '벌초(伐草)'는 '무덤의 풀을 베어서 깨끗이 함'을 뜻하는 말로 쓰인다. 벌초는 무덤의 풀을 베어 내는 것을 가리키는데 반대로 '사초(莎草)' 또는 '사토(莎土)'는 무덤에 '풀(또는 떼)'을 입히는 것을 가리킨다. 무덤에 흙을 북돋우는 '가토(加土)'와 다르게 쓰인다.

그런데 벌초가 처음부터 무덤의 풀을 베어 내는 것을 가리키는 말로 한정된 것은 아니었다. 원래는 풀을 베어 없애는 것을 나타내는 말이었으나 언제부터인가 '무덤의 풀을 베어서 깨끗이 하는' 의미로만 한정해 쓰이게 된 것이다. 그래서 벌초가 지금의 의미로 쓰이게 되면서 제초라는 말이 그 자리를 메웠다. 이처럼 과거에 넓은 의미로 쓰이던 단어가 의미가 축소돼 제한적으로 쓰이게 된 현상을 문법에서는 '의미 축소'라고 부른다.

의미 축소의 대표적인 예로 '수저'를 들 수 있겠다. 수저는 원래 '술(숟가락)'과 '저(젓가락)'를 아울러 가리키는 말이었는데 현재는 숟가락만 가리킬 때도 쓰인다.

● 의미 확대

의미 축소와 반대로 '의미 확대' 현상을 보이는 말도 있다. 예를 들면 '세수(洗手)'이다. 손을 씻는다는 의미의 세수가 얼굴을 씻는다는 말인 '세면(洗面)'을 포함하는 의미로 쓰인다. 의미 확대 현상이다.

스승의 부인을 지칭하는 '사모'도 의미가 확대되어 오늘날 교회 목사의 부인을 지칭할 때도 쓰이는 것으로 봐서 의미 확대에 해당하는 단어이다.

● 의미 이동

그런가 하면 전혀 다른 의미로 변해서 쓰이는 경우도 있다. 이를 '의미 이동'이라 하는데 바로 훈민정음 서문에 쓰인 두 단어 '어엿브다'와 '어리다'가 이에 해당한다. '어엿브다(어여쁘다)'는 '불쌍하다'는 의미로, '어리다'는 '어리석다'는 의미로 쓰이다가 현재는 '예쁘다'와 '나이가 적다'는 의미로 각각 쓰이고 있다.

이처럼 언어의 의미 변화는 주로 '축소'와 '확대', '이동'으로 나타난다. 그래서 사람들은 언어가 생명력이 있다고 하는 것이다. 🔳

시간과 시제

● 현재가 없다?

대학 다닐 때 들었던 존경하는 은사 손봉호 박사의 일화가 아직도 뇌리에 맴돈다. 나는 그에게 철학개론과 철학사를 배웠다. 그가 고등학교 다닐 때였다고 한다. 어느 날 도로가에 서서 무심코 지나치는 차량을 관찰하게 됐는데, 다가오는 차를 보면서 "이건 '미래'군!", 그 차가 자신의 앞에 이르렀을 때는 "이건 '현재'군!" 하고 말하려는 찰나 순식간에 그 차는 지나가버렸단다. 그래서 그는 혼자 중얼거렸단다. "이미 '과거'군. 그런데 '현재'가 없군!"

그 이야기가 생각나서 일반적으로 과거-현재-미래로 구분하는 시제 이야기를 좀 짚어 보려 한다. 시제와 관련한 문법 설명이 아니라 시간 개념과 함께 시제 문제를 좀 풀어보려는 시도로 보면 될 것이다.

"시계는 고장 나도 시간은 고장 나지 않는다."라는 말처럼 사람은 누구나 속절없이 과거로 향하는 시간을 안타까워한다. 그런데 나이가 들수록 하루를 보내며 다가오는 내일을 기대하기보다는 지나가는 오늘을 아쉬워한다. 그래서 오늘 하루를 가치 있게, 소중하게 보내기를 권한다.

우연히 본 영화 〈해피데스데이〉에 나오는 문장 "Today is the first day of the rest of your life(오늘은 당신의 여생 중 첫날이다)."나 '소포클레스'가 했다는 말 "Today that I idled away in vain is tomorrow that a man died yesterday wanted to have the most(내가 헛되이 보낸 오늘은 어제 죽은 이가 그토록 바랐던 내일이다)."처럼 말이다.

● 크로노스와 카이로스

그리스신화에 나오는 크로노스($\chi\rho\acute{o}\nu o\varsigma$)와 카이로스($\kappa\alpha\iota\rho\acute{o}\varsigma$)로 그리스의 두 가지 시간 개념을 이해할 수 있다. 보통 크로노스가 '시간'이라면 카이로스는 '기회'이며 크로노스가 '절대적 시간'이라면 카이로스는 '상대적 시간'이며 크로노스가 '원형 반복' 개념이라면 카이로스는 '선형 지속' 개념이라고 설명한다. 이해를 돕기 위해 다음과 같은 문장으로 예를 대신할 수 있다.

1) "30분 남았어. 서둘러!"
2) "오늘 시간 참 잘 간다!"

1)에서 '30분'은 크로노스인 반면에 2)의 '오늘 시간'은 카이로스인 것이다. 그렇다면 '30분'과 '오늘 시간'의 시제는 미래인가, 현재인가, 과거인가?

3) "자동차로 서울에서 부산까지 가는 데 4시간이나 걸렸어!"

4) "사랑하는 사람이 곁에 있으면 순식간에 도착할걸!"

3)의 '4시간'은 크로노스인 반면에 4)의 '순식간'은 카이로스이다. 여기서 '4시간'과 '순식간'은 미래인가, 현재인가, 과거인가?

● 시제

이처럼 사실상 시제를 엄격하게 구분하거나 정확한 표현으로 구현한다는 것은 쉬운 일이 아니다. 왜냐하면 한국어에서 시제는 상(相)과 양태(樣態)를 고려하지 않으면 독자적으로 명확하게 이해하기가 어렵기 때문이다.

수학에서 말하는 선(線)은 경계만 있고 점(點)은 위치만 있다. 따라서 선과 점은 부피도 면적도 없는 개념이다. 그래도 우리는 선을 그리고 점을 찍으려고 한다. 어쩌면 시제도 마찬가지일 것이다. 다시 말해 '이건 과거이고 이건 현재이며 이건 미래이다'가 아니라 '이건 과거라고 하고 이건 현재라고 하며 이건 미래라고 하자'라는 약속의 개념으로 받아들이는 것이 훨씬 합리적일 것이다.

야구나 탁구 등 구기 종목에서 '잡아 놓고 친다'라는 표현이 있다. 공이 속도를 유지하며 멈추지 않고 날아오는데 어떻게 잡아 놓고 칠 수 있을까? 아마도 '공이 멈춘 상태에서 치듯' 정확하게 받아친다는 뜻일 것이며 고도의 집중력을 발휘하면 치기 좋은 순간을 포착할 수 있다는 의미일 수도 있다.

그렇다면 흘러가는 시간 또한 멈춘 듯 과거와 현재, 미래를 정확히 구분할 수 있을까? 영어에서는 시제를 보통 현재, 과거, 미래, 현재진행, 과거진행, 미래진행, 현재완료, 과거완료, 미래완료, 현재완료진행, 과거완료진행, 미래완료진행 등 12체계로 구분한다.

그러나 한국어에서는 과거 시제와 현재 시제, 미래 시제 등 3가지 시제가 존재한다고 보는 시각이 많다. 특히 학교문법에서는 '과거-현재-미래'의 3분 체계를 따른다. 그러나 학자에 따라서는 미래 시제에 사용되는 문법범주(예를 들면 '-겠-')가 시제와 일대일 대응하지 않는다는 점을 들어 미래 시제를 인정하지 않고 '과거-현재'나 '과거-비과거' 등 2분 체계를 주장하기도 하고 아예 '무(無)체계'를 주장하기도 한다.

● 시제와 상, 양태

시제법을 말할 때 일반적으로 발화시(전달되는 시점)와 사건시(발생하는 시점)라는 두 개념을 사용한다. 시제는 발화시를 기준으로 사건시의 앞뒤를 제한하는 기능을 한다. 따라서 사건시와 발화시가 같은 시점을 현재 시제, 사건시가 발화시보다 앞선 시점은 과거 시제, 사건시가 발화시보다 뒤선 시점을 미래 시제로 본다.

그런데 우리말에서는 영어에서 말하는 진행과 완료를 시제로 보기보다는 '상(相)'으로 정의한다. 그렇다고 '상'이 시제와 관련이 없는 것은 아니다. 상은 '철수는 지금 밥을 먹고 있다'처럼 동작이 이어지는 모습을 표현하는 기능인 '진행상'과 '꽃이 피어 있다'처럼 동작이 막 끝나 지속되고 있는 모습을 표현하는 기능인 '완료상'으로 나뉜다.

또 발화자의 '심리적 태도'를 나타내는 기능을 하는 문법범주로 양태(樣態)가 있는데 시제를 나타내는 선어말어미 '-었-'이나 '-었었-', '-겠-' 등을 예로 들 수 있다. 이 양태가 서법(敍法)과 같이 쓰이기도 하고 달리 쓰이기도 하는데 서법이 주로 종결어미에서 실현되는 데 비해 양태는 선어말어미에서 실현된다. 또 양태는 서법과 달리 추측, 의지, 가능 등 발화자의 심리적 태도가 청자와 관련돼 있지 않다. 서법은 명령, 의문, 감탄, 허락 등 심리적 태도가 청자와 관련이 있다.

5) 물을 좀 **마셨으면**(마시었으면) 좋겠다.
6) 화분에 꽃이 **피었다**.
7) 어릴 때 유치원에 **다녔었다**(다니었었다).

5)의 '-었-'은 과거가 아닌 미래의 실현을 나타내고 6)의 '-었-'은 현재 지속 상태를, 7)의 '-었었-'은 단절된 과거 사건임을 나타낸다.

지금까지 시간과 시제 그리고 한국어의 시제와 상, 양태를 살펴보았다. 아래 제시한 문장에서 시제, 상, 양태 기능을 살펴보도록 하자.

8) 내년엔 꼭 **만났으면** 좋겠다.
9) 이건 형님이 **오실 때** 갖고 오신 것이다.
10) 눈이 **온다**.
11) 눈이 **오고 있다**.
12) 눈이 **왔다**.
13) 그래, 너 **잘났다**. HPI

不怕辣/辣不怕/怕不辣

中국 남쪽 지역의 3성인 후난(湖南), 구이저우(貴州), 쓰촨(四川)은 매운 음식으로 유명하다. 얼마나 매운 음식이기에 이런 속담까지 있을까?

> "후난 사람은 매운 것을 두려워하지 않고,
> 구이저우 사람은 매워도 겁내지 않으며,
> 쓰촨 사람은 맵지 않을까 봐 두려워한다."

그런데 중국어 원문으로 보면 문자 구성이 특이하고 재미있다. '부(不: 아니다)'와 '파(怕: 두렵다)', '라(辣: 맵다)'의 순서를 바꿔 가면서 의미를 다르게 표현하고 있다. 중국어는 '고립어'⑤에 속하기 때문에 문장에서 같은 단어라도 위치에 따라 품사가 달라진다.

---

⑤ 언어를 형태상 교착어(한국어), 굴절어(영어), 고립어(중국어), 포합어(에스키모어) 등으로 분류한다. 그중에서 고립어는 위치에 따라 품사가 정해지는 중국어 같은 언어를 가리킨다. 예를 들면 我一个人吃了(워이거런츨러)'는 '나는 혼자(부사어) 먹었다'이지만 '我吃了一个人(워츨러이거런)'은 '나는 한 사람을(목적어) 먹었다'라는 무시무시한(?) 문장이 된다.

1) 湖南人 **不怕辣** (후난인은 매운 것을 두려워하지 않는다.)
2) 貴州人 **辣不怕** (구이저우인은 매워도 겁내지 않는다.)
3) 四川人 **怕不辣** (쓰촨인은 맵지 않을까 봐 두려워한다.)

━ Only

오래전 한 지인에게 자신이 쓴 책《영문 TECHNICAL WRITING 지침서》(최형선, 2007)를 선물로 받았다. 그때 흥미롭게 읽었던 부분이 생각나 소개한다. 영어 문장에서 단어 'only'의 위치에 따라 의미가 달라진다는 내용을 찾아 옮겨 왔다. 위치에 따라 의미 차이가 많이 난다.

4) **Only** the passenger hurt his arm.
5) The **only** passenger hurt his arm.
6) The passenger **only** hurt his arm.
7) The passenger hurt **only** his arm.
8) The passenger hurt his **only** arm.

직역하면 이렇다.

Only the passenger hurt his arm.
　그 **승객만** 팔을 다쳤다.
The only passenger hurt his arm.
　유일한 승객이 팔을 다쳤다.
The passenger only hurt his arm.
　그 승객은 단지 **팔을 다치기만** 했다.

The passenger hurt only his arm.

그 승객은 **팔만** 다쳤다.

The passenger hurt his only arm.

그 승객은 **외팔을** 다쳤다.

100%

어느 날 운전하며 출근하는 길에 우연히 간판 하나가 눈에 띄었다.

"국내산 **100%** 민물장어"

갑자기 '100%의 위치에 따라 문장의 의미가 달라지겠구나' 하는 생각이 들어 카메라에 담아 보았다.

'100% 국내산 민물장어'와 '국내산 100% 민물장어'? 의미 차이가 있을까? 차이가 있다면 어떻게 다를까? 앞엣것은 100% '국내산'(외국산이 아니고)으로, 뒤엣것은 100% '민물장어'(바닷장어가 아니고)로 구분될 수 있을 것이다.

실제 교열 현장에서, 그것도 번역 문서에서 주로 발견되는 예로 수식어(꾸미는 말)가 제 위치에 놓이지 않아 어색하게 읽히거나 의미 파악에 혼란을 주는 경우를 많이 본다.

다음 두 문장을 비교해 보자.

9) **적당히 평범한 아파트**를 만드는 것은 제자리에 머무는 것이 아니라 뒤처지는 것이다.

10) **평범한 아파트를 적당히** 만드는 것은 제자리에 머무는 것이 아니라
　　뒤처지는 것이다.

　문장 9)는 아파트가 '적당히 평범하다'는 의미로 쓰일 뿐 아파트를 대충
짓는다는 의미는 없다. 그 반면에 문장 10)은 '적당히 짓는다'는 의미가 명
확하게 드러난다.

● 어순에 따른 강조 용법

　"영어는 'I am strong man.'의 경우 'man'이 가장 강조되고 'I'가
그 다음 그리고 'am'은 가장 약하게 강조됩니다. 만약에 'strong'을 강
조하고 싶으면 'I am a man who is strong'처럼 뒤로 옮기면 됩니다.
'am'을 강조하고 싶으면 'A strong man who I am'처럼 역시 뒤로 옮
기면 됩니다. 우리말에도 어순을 바꿔 강조하는 용법이 있는지요?"
　미국에 사시는 지인 한 분이 메일로 이런 질문을 보내셨다. 물론 우
리말에서도 어순에 따른 강조 용법이 있다. 또 어순뿐만 아니라 음운적
강세, 어휘 중첩, 파생 접미사 등에 따라서도 강조 용법이 실현된다.

　11) **영희는** 매일 사과를 먹는다. (영희 강조)
　12) **사과를** 영희는 매일 먹는다. (사과 강조)
　13) 영희는 사과를 매일 **먹는다니까**. (먹는다 강조)
　14) 영희는 사과를 **매일매일** 먹는다. (매일 강조)

　이것만은 알자.

우리말의 특징은 수식어(꾸미는 말)는 피수식어(꾸밈 받는 말) 앞쪽, 가능하면 가장 가까이에 오게 한다는 것! ✏️

부사 '및'을 꾸짖는다

·
·
·

필자가 군에 막 입대했던 1970년대 중반만 해도 군인들에게 지급되던 '화랑' 담배에는 필터가 없었다. 어느 쪽이든 입에 물고 불을 붙여 피워도 문제가 없었다. 그러다 전역할 무렵이 되자 필터가 달린 화랑 담배가 필터 없는 담배와 같이 지급됐다.

아무 생각 없이 담배를 입에 물고 불을 댕기다 여기저기서 "퉤퉤" 하는 소리가 잦았다. 담배를 거꾸로 물고 필터에 불을 붙인 까닭이었다. 그때부터 군인들은 필터 없는 담배를 찾기 시작했고 그 필터 없는 담배를 '전차'라 부르기도 했다. 전차는 앞뒤가 따로 없다. 그래서 필터 없는 담배를 전차라고 부르지 않았나 싶다.

아무튼 어문교열사 교육장에서 어문법 강의할 때 특별히 "이건 전차니까 앞뒤 띄어 써야 해요"라고 하는 몇 가지가 있다. 바로 '및', '대', '겸', '내지'이다.

1) 및: 연구 방법∨**및**∨방향
2) 대: 자본주의∨**대**∨공산주의
3) 겸: 학자∨**겸**∨작가
4) 내지: 산∨**내지**∨들

5) '및과 내지는 부사이고 대와 겸은 의존명사이다.'

만일 이 문장에서 조사 와, 과를 및으로 대체해 보면?

6) '및 및 내지는 부사이고 대 및 겸은 의존명사이다.'

우리말 접속조사 '와, 과'를 거의 쓰지 않고 '및'만 쓰는 게 문제이다. 및을 쓴다고 해서 문제가 된다는 것이 아니라 및을 습관적으로 너무 많이 쓰는 걸 탓하는 것이다. 아래 문장은 교열하면서 실제 눈에 띈 문장 하나를 예문으로 들어보았다.

7) '지원단은 그 준거법 **및** 외국인 투자, 대외투자 관련 법률에 따라, 외국에 대한 대부 **및** 신용 연장 등 대외 자금조달, 국제적 차입, 타국 **및** 지역 **및** 국제 경제 **및** 금융기관과 관계 조정 **및** 확대 등 업무를 수행한다.'

이 예문에는 접속관계를 나타내면서 조사 '와, 과'는 거의 쓰지 않았다. 쉼표(,) 아니면 '및'으로 도배한 듯하다. 내용을 최대한 살리면서 교열하면 어느 정도 의미가 통하는 문장으로 바꿀 수는 있다.

8) '지원단은 그 준거법을 비롯해 외국인 투자와 대외투자 관련 법률에 따라 해외 대부와 신용 연장 등 대외 자금조달 업무를 수행한다. 그리고 국제 차입, 타국·지역·국제 경제, 금융기관과 관계를 조정하고 확대하는 업무를 수행한다.'

부사 '및'은 입말(구어체)에서는 거의 쓰이지 않는 말이다. 이렇게는 아무도 안 쓴다!

9) '오늘은 **친구 및 선생님**을 만났다.'
10) '오늘은 **길동이 및 진이 및 유신이**와 점심을 먹었다.'
11) '오늘은 **국어 및 수학 및 영어 시험**을 치른다.'

'및'을 아예 안 쓸 수는 없지만 글말(문어체)에서 조사(와, 과)를 쓸 자리에 마구 쓰면 당연히 독자의 가독성을 해치게 된다. 교열사의 눈으로 보면 잘 쓴 글에는 '및'이 거의 보이지 않는다. 글에서 '및'을 많이 쓰면 글 '밑'이 보인다. 그래서 '및'을 꾸짖는다는 것이다! 📝

유감스러운 도시

．
．
．

영화 〈유감스러운 도시〉에 나오는 한 장면을 옮겨 왔다.

동식이: 얼마 받았다카드노?

원삼이: 쌍칼 형님이 페이 문제는 시크릿이라캤습니다.

동식이: (한 대 퍽 치고 나서) 이 ××가, 니 내한테 영어 쓰지 말라 했지?
　　　 (잠시 후) 근데 원삼아, 시크릿이 뭐야?

원삼이: 비밀입니다.

동식이: 니하고 내 사이에 비밀이 어데 있노, 이 ××야. (잠시 후 낮은 음
　　　 성으로) 시크릿이 뭐야?

원삼이: 비밀이라캤잖아요, 비밀….

동식이: (한 대 친다~ 퍽.)

원삼이: 아, 행님….

동식이: 이리 와 봐. 마지막으로 묻는다. 시크릿이 뭐야?

원삼이: (벌벌 떨면서) 비밀요, 비밀….

동식이: (윗옷 벗어젖히고 달려들어 마구 때리며) 이 ××가….

원삼이: (마구 얻어맞으며) 비밀요, 비밀….

'비밀'이란 단어 하나를 두고 원삼이는 '시크릿의 뜻'이 비밀이라 하

고 동식이는 '시크릿의 뜻을 숨기는 것'이라고 오해하는 모습이다.

● 중의성 문장

문서를 교열하다 보면 중의성 단어나 표현이 독자들을 혼란스럽게 하는 문장이 더러 눈에 띈다. 문장의 중의성이란 사전적 의미로는 '한 단어나 문장이 두 가지 이상의 뜻으로 해석될 수 있는 현상이나 특성'을 가리킨다.

쉽게 말해 이렇게도 해석할 수 있고 저렇게도 해석할 수 있는 단어나 표현이 문장에 포함돼 있으면 이를 중의성 문장이라 한다. 문장에서 중의성은 '배'나 '길'처럼 어휘로 나타나기도 하고 구문으로 나타나기도 한다. 중의성 어휘의 예를 하나 들면 '그는 식사 중이다'라는 표현에서 '식사'는 '식사(食事)'일 수도 있고 '식사(式辭)'일 수도 있다.

중의성 구문의 예를 하나 들면 '아름다운 5월의 신부' 같은 표현이다. 단순히 문장으로만 보면 '아름다운'이 꾸미는 대상이 5월인지, 신부인지 명확하지 않다.

또 '갑돌이는 울면서 떠나는 갑순이에게 손을 흔들었다' 같은 문장도 마찬가지이다. 울고 있는 대상이 갑돌이일 수도 있고 갑순이일 수도 있기 때문이다. 아래 제시하는 문장은 모두 중의성 문장이라 할 수 있다.

> 1) 온달은 평강공주와 임금을 찾아다녔다.
>   ㄱ. 온달 혼자서 평강공주와 임금을 찾아다녔다.
>   ㄴ. 온달과 평강공주 둘이서 임금을 찾아다녔다.

2) 장화와 홍련이는 인정사정 보지 않고 싸웠다.

    ㄱ. 장화와 홍련이가 서로 싸웠다.

    ㄴ. 장화와 홍련이가 한편이 되어 누군가와 싸웠다.

3) 견우는 직녀의 사진을 좀 보자고 했다.

    견우가 보려고 한 사진은

    ㄱ. 직녀가 찍은 사진이다.

    ㄴ. 직녀가 찍힌 사진이다.

    ㄷ. 직녀가 갖고 있는 사진이다.

4) 화랑들은 전쟁에 다 나가지 않았다.

    ㄱ. 화랑들 아무도 전쟁에 나가지 않았다.

    ㄴ. 화랑들이 전쟁에 나갔는데 일부만 갔다.

● 중의성 문장도 비문

이제는 교열하면서 실제 경험한 좀 복잡한 문장을 살펴보도록 하겠다.

5) 150만 명 이상의 개발자 및 개발관리자들이 분산 개발을 위해 콜랩넷 플랫폼을 사용합니다.

    ㄱ. 150만 명 이상이 개발자이다.

    ㄴ. 150만 명 이상이 개발자와 개발관리자이다.

6) 그것은 제로 데이 공격이나 루트킷 맬웨어가 데스크톱으로 침입하지 못하게 차단합니다.

    ㄱ. 제로 데이 공격을 차단하고 루트킷 맬웨어의 PC 침입을 차단한다.

ㄴ. 제로데이 공격과 루트킷 맬웨어의 PC 침입을 차단한다.

7) 고유의 정책 요구 사항을 해결하기 위한 텍스트 기반의 사용자 지정 정책 생성
　　ㄱ. 요구 사항을 해결하기 위한 텍스트 기반
　　ㄴ. 요구 사항을 해결하기 위한 사용자 지정 정책

8) 내각도 국무총리를 포함해 꼭 필요한 사람을 제외하고는 전부 교체하는 게 맞다.
　　ㄱ. 꼭 필요한 사람에 총리가 포함된다(총리 유임).
　　ㄴ. 총리를 포함해 전부 교체한다(총리 해임).

● 중의성 문장 수정 예시

　이처럼 문장에서 중의성이 발견되면 필자에게 정확한 내용(팩트)을 확인한 뒤 내용에 맞도록 바르게 수정해야 한다. 위에 든 예문을 나름대로 단의성 문장이 되도록 수정해 보았다.

9) 150만 명 이상의 개발자 및 개발관리자들이 분산 개발을 위해 콜랩넷 플랫폼을 사용합니다.
　　ㄱ. 개발자 150만 명과 개발관리자들이 분산 개발을 위해 콜랩넷 플랫폼을 사용합니다.
　　ㄴ. 개발자와 개발관리자 등 150만 명이 분산 개발을 위해 콜랩넷 플랫폼을 사용합니다.

10) 그것은 제로 데이 공격이나 루트킷 맬웨어가 데스크톱으로 침입하지 못하게 차단합니다.

   ㄱ. 그것은 제로 데이 공격을 차단하거나 루트킷 맬웨어가 데스크톱으로 침입하지 못하게 차단합니다.

   ㄴ. 그것은 제로 데이 공격이나 루트킷 맬웨어 등이 데스크톱으로 침입하지 못하게 차단합니다.

11) 고유의 정책 요구 사항을 해결하기 위한 텍스트 기반의 사용자 지정 정책 생성

   ㄱ. 고유의 정책 요구 사항을 해결하며 텍스트를 기반으로 하는 사용자 지정 정책 생성

   ㄴ. 고유의 정책 요구 사항을 해결하기 위해 텍스트 기반으로 사용자 지정 정책 생성

12) 내각도 국무총리를 포함해 꼭 필요한 사람을 제외하고는 전부 교체하는 게 맞다.

   ㄱ. 내각도 꼭 필요한 사람을 제외하고는 국무총리를 포함해 전부 교체하는 게 맞다.

   ㄴ. 내각도 국무총리 같은 꼭 필요한 사람을 제외하고는 전부 교체하는 게 맞다.

엄밀히 말하면 중의성 문장도 비문이다. 그래서 중의성 문장도 교열 대상이다. HPI

smile과 그리움

.
.
.

　영어에서 가장 긴 단어가 'smiles'라고 한다. s와 s 사이의 거리가 1마일(mile)이라서 그렇다고 한다. 야드파운드법으로 1마일은 5,280피트이고 1피트는 12인치이다. 따라서 s-mile-s에서 s와 s 사이 거리는 약 1.6km인 셈이다.

　그런데 누군가가 우리말에서 가장 긴 단어로 '그리움'을 꼽았다. '그'와 '움' 사이의 거리가 1리여서 그렇단다. 1리는 1,296자[尺]이므로 '그-리-움'에서 '그'와 '움' 사이 거리는 약 0.393km(393m)가 되는 셈이다.

　우리나라 말에는 길이 단위가 포함된 속담이 더러 있다.

　　1) 내 코가 **석 자**.
　　2) **세 치** 혀가 사람 잡는다.
　　3) **한 치** 앞도 안 보인다.
　　4) **천리** 길도 **한 걸음**부터.
　　5) **열 길** 물속은 알아도 **한 길** 사람 속은 모른다.
　　6) **자**에도 모자랄 적이 있고 **치**에도 넉넉할 적이 있다.

신화에 등장하는 얘기이다. 제우스가 여신 가이아에게 "도대체 타르타로스(지옥)의 깊이가 얼마나 되나?"라고 묻는다. 가이아는 제우스에게 "모루가 아흐레 동안 떨어지는 깊이"라고 대답한다. 모루가 뭔가. 대장간에서 불에 달군 쇠를 올려놓고 두드릴 때 받침대로 쓰이는 쇳덩이를 가리킨다.

모루는 크기에 따라 다르긴 하지만 기록을 보면 가로와 세로 각 60cm에 무게가 60관, 즉 225kg이란 실측 자료가 있다. 도대체 얼마나 깊을지 궁금해서 물리에 해박한 아들의 힘을 빌려 초기속도가 0, 가속도가 g(9.8)인 등가속도 운동으로 보고 모루가 9일(77만 7,600초)간 떨어지는 깊이를 아래 식에 대입해 계산해 보았다. 물론 부피와 공기저항은 무시했다.

식: $S = \frac{1}{2} \times g \times t^2$

*S는 떨어진 높이(m), g는 중력가속도(m/s^2), t는 떨어진 시간(초)

계산 결과는 2,962,842,624,000m, 즉 29억 6,284만 2,624km라는 깊이가 나온다. 지구 둘레가 4만 km인 점을 감안하면 어마어마한 깊이이다. 물론 가이아의 대답은 지옥의 깊이는 끝이 없다는 것을 상징적으로 표현한 것이겠지만….

이참에 사람의 신체 부위를 기준으로 한 단위를 몇 가지 살펴보려고 한다.

7) **길**: 손을 들고 서 있는 사람의 손끝에서 발바닥까지의 길이를 기준 삼은 것으로 약 240cm이다.

8) **재[尺]**: "자에도 모자랄 적이 있고 치에도 넉넉할 적이 있다."라는 속담의 자는 '엄지손가락과 다른 손가락을 완전히 펴서 벌렸을 때에 두 끝 사이의 거리' 즉, 뼘과 같은 길이이다. 물론 사람의 손 크기에 따라 차이가 있겠지만 대략 30.3cm로 정해져 있다. 1치는 곡식 기장의 낱알 크기의 10배인데 '자'의 10분의 1로 3.03cm이다.

9) **야드(yard)**: 야드는 야드파운드법에 따른 길이 단위이다. 손을 내리고 서 있는 사람의 코끝에서 손끝까지의 거리를 기준으로 한 단위이며 91.44cm에 해당한다. 1야드는 3피트이다.

10) **피트(feet)**: 성인의 발길이를 기준으로 약 30.48cm로 1피트는 1야드의 3분의 1이며 12인치에 해당한다.

11) **인치(inch)**: 성인 엄지손가락의 너비가 기준이며 약 2.54cm로 1인치는 12분의 1피트에 해당한다.

12) **큐빗(cubit)**: 1큐빗은 팔꿈치에서 손끝까지의 길이를 기준으로 고대 중동에 많이 쓰인 단위이다. 성경에는 '규빗'으로 번역돼 있다. 약 45.72cm이며 1큐빗은 2분의 1야드, 약 18인치에 해당한다.

다윗과 요나단

.
.
.

살면서 한 번은 미쳐 보자. 한 번쯤은 죽을 때까지 잊을 수 없는 '미친 짓'을 해 보기를 권한다. 필자도 살면서 딱 한 번 미쳐 보았기 때문에 권해 드리는 것이다.

2004년 말. 그때부터 4년간 혼자서 1,000쪽에 가까운 사전 하나 만들어보겠다고 몸부림쳤다. 그 사전은 2008년 기어이 세상에 얼굴을 드러냈다. 《성경고유명사사전》이라는 이름으로….

성경에서 3,000개가 넘는 고유명사를 모조리 뽑아 한글, 영어, 히브리어, 헬라어, 라틴어, 일본어, 중국어 등 7개 언어로 표제어를 채웠다. 거기에다 각각 한글로 표기하고 뜻풀이를 달겠다는 가당찮은 일에 무모하게 덤빈 것이다.

그냥 쉬면서가 아니라 동아일보에서 교열 일을 하면서 4년간 진행했다. 평일에는 하루 6시간 이상, 주말과 휴일은 12시간 이상 매달렸다. 하루 종일 작업해 봐야 불과 표제어 몇 개 해결하는 정도의 지난한 작업이었다. 그래서 출간 당시 국민일보에 신간 기사와 함께 실렸던 사진을 보면 정말 초췌하기 그지없다.

성경 교유명사 사전

❖히브리어에서 뱀과 놋뱀과 놋(銅)은 같은 자음으로 이루어졌다.
　즉, 놋뱀(네하쉬 느호셋)이나 놋쇠(네하쉬)의 어원은 모두 뱀
　(나하쉬: 뱀이 지나가는 소리에 해당하는 의성어)이라고 볼 수 있다.

❖아시아(Asia), 앗수르(Assyria), 수리아(Syria)의 어원은 'Assu'로
　동일하며 셋 모두 '동쪽(east)'이란 의미를 갖고 있는 땅 이름이다.

❖히브리어의 접사(접두사나 접미사)만 몇 개 알아도 고유명사 이해에
　도움이 된다.
　－엔(샘)=)엔게디(염소새끼의 샘)
　－엘(하나님)=)엘가나(하나님께서 소유하심)
　－벧(집)=)벧산(평안의 집)

❖밧(22리터)=)소녀(딸)가 물을 길어 나르기 위해 머리에
　이는 항아리의 용량. '밧'은 히브리어로 딸이란 뜻이다.

　　내 생애 다시는 흉내 내지 못할 작업이어서 그 당시를 떠올리면 무슨 생각으로 그 작업에 손을 댔는지 나 자신도 도무지 이해할 수가 없다. 자랑스럽다, 보람 있다 따위의 말은 그저 사치에 불과하고, 곳곳에 보이는 오류가 채찍으로 다가온다. 다만 내 아들과 딸이 그리고 후손이 나의 노력과 수고를 소중한 유산으로 기억하기를 바랄 뿐이다.

● 이상적인 사람(a man after my own heart)

　　그 책, 《성경고유명사사전》에 나오는 사람 중에 '다윗(David)'이란 걸출한 인물이 있다. 다윗은 '이새(Jesse)'의 막내아들로 일찌감치 왕으로 선택됐다. 다윗이 왕으로 선택된 이유는 '여호와의 마음에 맞는 사람'이었기 때문이다. 마음에 맞는 사람의 영어 'a man after his own heart.'는 현대어에서 '~에게 이상적인 사람'이란 의미의 관용어로 쓰이는 표현이다. 따라서 'He is a man after my own heart'는 '그는 내게 이상적인 사람이다'라는 뜻이다.

● 다윗과 요나단(David and Jonathan)

당시 왕이었던 '사울(Saul)'은 다윗을 시샘하고 미워했지만 사울의 아들 '요나단(Jonathan)'은 다윗의 막역한 친구였다. 이 두 사람의 우정에서 비롯된 영어 관용어가 바로 'David and Jonathan'이다. 우리말 사자성어 '막역지우(莫逆之友)'와 비슷한 의미로 쓰인다. 다윗은 후일 신하 '우리아(Uriah)'를 고의로 전쟁터에 보내 전사하게 하고 우리아의 예쁜 아내 '밧세바(Bathsheba)'를 데려와 아내로 삼는다.

다윗은 이 사실을 알고 찾아온 선지자 '나단(Nathan)'에게 엄청난 꾸중을 듣고 밤새 눈물을 흘리며 회개한다. 다윗과 밧세바 사이에 태어난 아들이 바로 '솔로몬(Solomon)'이다.

● 데이비드와 조너선(David and Jonathan)

영미인의 이름으로 많이 쓰이기도 하는 '다윗과 요나단(David and Jonathan)'을 외래어표기법에 따라 한글로 표기하면 '데이비드와 조너선'이 된다. 다윗의 아버지 이새(Jesse)는 '제시'이고, 사울(Saul)은 '솔'이며, 우리아(Uriah)는 '유라이아', 밧세바(Bathsheba)는 '뱃시바', 나단(Nathan)은 '네이선'이다. 솔로몬(Solomon)은 그대로 '솔로몬'이다.

좀 이상한가? 그래도 문서에 이런 이름이 나오면 외래어표기법에 따라 수정해야 한다. 외래어 표기도 교열 대상이기 때문이다. 그래서 필자의 졸저 《성경고유명사사전》 부록으로 영미인 이름 1,200개를 외래어표기법에 따라 표기하고 이름의 뜻을 밝혀 정리해 두었다.

"우리나라 사람 이름도 다 모르는데 무슨 외국인 이름까지…."

어문교열사 자격 취득을 위한 강의에서 가끔 들을 수 있는 투정(?)이
다.

띠헤르페스

.
.
.

오른쪽 머리에서 출발한 포진(疱疹)이 이마를 거쳐 눈썹과 눈꺼풀까지 내려와 멈췄다. 그리고 한 달이란 긴 기간을 '수천 개의 바늘로 찔리는 듯한', '칼에 베이는 듯한' 끔찍한 통증에 시달렸다. 한동안 눈꺼풀로 포진이 이어지며 결국 한쪽 눈을 덮어버렸다.

한국 사람 중 매달 4만여 명, 연간 50만여 명이 걸린다는 대상포진을 겪었다. 그 후 6개월 이상 후유증인 신경통에 계속 괴롭힘을 당했다. 대상포진은 영어로는 'shingles'나 'herpes zoster'로 쓴다. 대한의사협회의 의학용어사전에서 '대상포진'으로 검색하면 'herpes zoster, 대상포진, 띠헤르페스'로 나온다. 대상포진은 말 그대로 띠 모양[帶狀]으로 생기는 포진이다.

표준국어대사전에는 대상포진과 띠헤르페스가 동의어로 올라 있다. 헤르페스(herpes)의 어원을 찾아보면 그리스어 헤르페인(ἕρπειν)에서 온 것으로, 헤르페인은 '뱀처럼 살금살금, 천천히 움직이는(to creep) 현상'을 가리킨다. 필자에게도 대상포진이 그렇게 뱀처럼, 살금살금 천천히 움직이듯 찾아왔다.

의학 용어는 의료인만 쓰는 용어가 아니다. 일반 대중도 알게 모르게, 필요에 따라 많이 쓰게 된다. 대중에게 많이 쓰이는 용어 중에는 통일되지 않은 용어도 많다. 참고로 표준국어대사전에서 의학 용어 중 전용어와 신 용어를 정리해 올린다.

　이를 살펴보면 두 가지 특징을 발견할 수 있을 것이다. 먼저 '전립선 → 전립샘'처럼 '~선(腺)'을 모두 '~샘'으로 바꾼 것이고 다른 한 가지는 '결핵성관절염 → 결핵관절염'처럼 '성(性)'을 뺀 것이다.

전 용어	신 용어
갑상선	갑상샘
결핵성관절염	결핵관절염
고지혈증	고지질혈증
깁스붕대	석고붕대
노이로제	신경증
뇌일혈	뇌내출혈
늑막	가슴막
다모증	털과다증
등뼈	척추뼈
마진	홍역
면구	솜방망이
몽고반점	몽고점
무언증	말없음증
무한증	땀없음증
생리적황달	생리황달
선천성기형	선천기형
세균성식중독	세균식중독
소파	긁어냄
쇄골	빗장뼈
슬관절	무릎관절
시티(CT)	전산단순촬영술
식모술	털이식술

심부전	**심장기능상실**
알코올중독	**알코올의존증**
엑스선진단	**방사선진단**
전립선	**전립샘**
정신지체	**지적장애**
체모	**몸털**
편도선	**편도샘**
폐수종	**폐부종**
피하	**피부밑**
흉식호흡	**가슴호흡**

　필자가 교열하면서 의학용어를 줄곧 검색해 온 사이트가 있다. 바로 대한의사협회 의학용어위원회의 '의학용어 검색'ⓐ 사이트이다. 그런데 최근 업그레이드를 할 때마다 왔다 갔다 하는 표기를 확인하면서부터는 신뢰도에 의구심이 생겼다.

　한 가지 예를 들면 '뇌졸중'과 '뇌중풍'이다. 의학용어 검색 4판에서는 '뇌졸중'을 아예 없애고 '뇌중풍'으로만 등재하고 있었다. 그래서 언론 기사에서 뇌졸중을 죄다 뇌중풍으로 고쳐 쓰기에 바빴다. 그런데 5판과 개정 5판에서는 뇌중풍과 뇌졸중을 병기했다. 그러다가 6판에서는 아예 뇌중풍을 없애고 뇌졸중만 표제어로 올려놓았다. 이 사전에 따르면 이젠 뇌중풍은 버리고 뇌졸중만 사용해야 한다는 것이다. 7판으로 개정할 때는 또 어떻게 바뀔지는 모를 일이다. 아무튼 이런 점이

ⓐ http://term.kma.org/

아쉽긴 하지만 그래도 의학용어 검색만큼은 대한의사협회 의학용어위원회의 의학용어 검색 사이트를 요긴하게 활용할 수 있다.

예를 한 가지 들면 '기도삽관'이란 용어가 있다. 흔히들 임종 전 의식이 없는 환자의 기도를 유지해 생명을 연장하기 위한 시술이라고 알고 있지만 수술 전 마취할 때도 사용되는 시술이다. 이처럼 기관 내에 관을 삽입하는 시술을 가리키는 '기도삽관'은 이 사이트에서 검색하면 '기관내삽관(endotracheal intubation)'으로 검색된다. 과연 의사들도 모두 이렇게 쓸까? ▨

.
.
.

1) 이름이 〈O-〉로 시작하는 나라는?

2) 이름이 〈Q-〉로 시작하는 나라는?

3) 이름이 〈Y-〉로 시작하는 나라는?

4) 이름이 〈W-〉로 시작하는 나라는?

5) 이름이 〈X-〉로 시작하는 나라는?

6) 한국에서 **한자음**으로 표기하는 나라는 모두 몇 개국일까?

미국 CIA의 월드팩트북(The World Factbook)⑦에는 세계 200개 나라 이름이 영문으로 올라 있다. 그걸 옮겨와서 알파벳순으로 나열하고 표를 만들었다. 그 옆에다 외래어표기법에 따라 한글로 적어 내려 갔다. 스스로 신기할 정도로 빠짐없이 모두 적을 수 있었다. 하긴 30년 교열 경력이라면 이 정도는 기본이라 여길 것이다.

내친 김에 나라 이름 옆에 수도 이름까지 붙여 표로 만들었더니 제법 괜찮은 자료가 하나 만들어졌다. 최근 외교부의 '외교백서'를 교열하면

---

⑦ www.cia.gov/the-world-factbook/countries/united-states/

서 다시 한 번 확인했더니 몇몇 나라 이름과 도시 이름이 변경된 곳이 발견되었다. 공식적으로 바뀐 나라 이름과 도시 이름은 아래와 같다.

7) 키프로스 → 사이프러스공화국(공식)

8) 아크몰라 → 누르술탄(2019년)

9) 키르기스(스탄) → 키르기즈공화국(공식)

10) 모리타니 → 모리타니아이슬람공화국(공식)

11) 스와질란드 → 에스와티니왕국(공식)

앞에 던진 문제의 정답을 올린다.

12) 이름이 〈O-〉로 시작하는 나라는?

답: **Oman(오만)**뿐이다.

13) 이름이 〈Q-〉로 시작하는 나라는?

답: **Qatar(카타르)**뿐이다.

14) 이름이 〈Y-〉로 시작하는 나라는?

답: **Yemen(예멘)**뿐이다.

15) 이름이 〈W-〉로 시작하는 나라는?

답: **없음**.

16) 이름이 〈X-〉로 시작하는 나라는?

답: **없음**.

17) 한국에서 한자음으로 표기하는 나라는 모두 몇 개국일까?

답: 12개국.

[교황청(教皇廳), 대만(臺灣), 대한민국(大韓民國), 독일(獨逸), 미국(美國), 북한(北韓), 영국(英國), 인도(印度), 일본(日本), 중국(中國), 태국(泰國), 호주(濠州). 가나다순]

2020년 12월 현재까지 공식적으로 쓰이는 세계 200개국의 나라 이름과 수도를 외래어표기법에 따라 정리하면 다음과 같다.

세계 200개 나라 이름과 수도 표기

나라이름		수도	
Afghanistan	아프가니스탄	Kabul	카불
Albania	알바니아	Tirana	티라나
Algeria	알제리	Algier	알제
Andorra	안도라	Andorra la Vella	안도라라베야
Angola	앙골라	Luanda	루안다
Antigua–Barbuda	앤티가바부다	St. John's	세인트존스
Argentina	아르헨티나	Buenos Aires	부에노스아이레스
Armenia	아르메니아	Yerevan	예레반
Aruba	아루바	Oranjestad	오라녜스타트
Australia	호주(오스트레일리아)	Canberra	캔버라
Austria	오스트리아	Vienna	빈
Azerbaijan	아제르바이잔	Baku	바쿠
Bahamas	바하마	Nassau	나소
Bahrain	바레인	Manama	마나마
Bangladesh	방글라데시	Dhaka	다카
Barbados	바베이도스	Bridgetown	브리지타운
Belarus	벨라루스	Minsk	민스크
Belgium	벨기에	Brussels	브뤼셀
Belize	벨리즈	Belmopan	벨모판
Benin	베냉	Porto–Novo	포르토노보
Bermuda	버뮤다제도	Hamilton	해밀턴
Bhutan	부탄	Thimphu	팀푸
Bolivia	볼리비아	La Paz/Sucre	라파스(행)/수크레(헌)
Bosnia–Herzegovina	보스니아헤르체고비나	Sarajevo	사라예보
Botswana	보츠와나	Gaborone	가보로네
Brazil	브라질	Brasília	브라질리아
Brunei	브루나이	Bandar Seri Begawan	반다르스리브가완
Bulgaria	불가리아	Sofia	소피아
Burkina Faso	부르키나파소	Ouagadougou	와가두구
Burundi	부룬디	Bujumbura	부줌부라

나라이름		수도	
Cabo Verde	카보베르데	Praia	프라이아
Cambodia	캄보디아	Phnom Penh	프놈펜
Cameroon	카메룬	Yaoundé	야운데
Canada	캐나다	Ottawa	오타와
Central African Republic	중앙아프리카공화국	Bangui	방기
Chad	차드	N'Djamena	은자메나
Chile	칠레	Santiago	산티아고
China	중국(차이나)	北京/Beijing	베이징
Colombia	콜롬비아	Bogotá	보고타
Comoros	코모로	Moroni	모로니
Congo, Democratic Republic of the	콩고민주공화국(DR콩고)	Kinshasa	킨샤사
Congo, Republic of the	콩고(콩고공화국)	Brazzaville	브라자빌
Cook Islands	쿡제도	Avarua	아바루아
Costa Rica	코스타리카	San José	산호세
Cote d'Ivoire	코트디부아르	Yamoussoukro Abidjan	야무수크로(정), 아비장(경)
Croatia	크로아티아	Zagreb	자그레브
Cuba	쿠바	Havana	아바나
Cyprus	사이프러스(공화국)	Nicosia	니코시아
Czech	체코	Prague	프라하
Denmark	덴마크	Copenhagen	코펜하겐
Djibouti	지부티	Djibouti	지부티
Dominica	도미니카	Roseau	로조
Dominican Republic	도미니카공화국	Santo Domingo	산토도밍고
Ecuador	에콰도르	Quito	키토
Egypt	이집트	Cairo	카이로
El Salvador	엘살바도르	San Salvador	산살바도르
Equatorial Guinea	적도기니	Malabo	말라보
Eritrea	에리트레아	Asmara	아스마라
Estonia	에스토니아	Tallinn	탈린
Ethiopia	에티오피아	Addis Ababa	아디스아바바
Fiji	피지	Suva	수바
Finland	핀란드	Helsinki	헬싱키
France	프랑스	Paris	파리
Gabon	가봉	Libreville	리브르빌
Gambia	감비아	Banjul	반줄

나라이름		수도	
Georgia	조지아	Tbilisi	트빌리시
Germany	독일(저머니)	Berlin	베를린
Ghana	가나	Accra	아크라
Greece	그리스	Athens	아테네
Grenada	그레나다	St. George's	세인트조지스
Guatemala	과테말라	Guatemála Cíty	과테말라시티
Guinea	기니	Conakry	코나크리
Guinea-Bissau	기니비사우	Bissau	비사우
Guyana	가이아나	Georgetown	조지타운
Haiti	아이티	Port-au-Prince	포르토프랭스
Holy See(Vatican City)	교황청(바티칸시티)	–	–
Honduras	온두라스	Tegucigalpa	테구시갈파
Hungary	헝가리	Budapest	부다페스트
Iceland	아이슬란드	Reykjavik	레이캬비크
India	인도(인디아)	New Delhi	뉴델리
Indonesia	인도네시아	Jakarta	자카르타
Iran	이란	Teheran	테헤란
Iraq	이라크	Baghdad	바그다드
Ireland	아일랜드	Dublin	더블린
Israel	이스라엘	Jerusalem	예루살렘
Italy	이탈리아	Rome	로마
Jamaica	자메이카	Kingston	킹스턴
Japan	일본(저팬)	東京/Tokyo	도쿄
Jordan	요르단	Amman	암만
Kazakhstan	카자흐스탄(카자흐)	Astana	누르술탄
Kenya	케냐	Nairobi	나이로비
Kiribati	키리바시	Tarawa	타라와
Korea, North	북한	평양/Pyongyang	평양
Korea, South	대한민국	서울/Seoul	서울
Kosovo	코소보	Priština	프리슈티나
Kuwait	쿠웨이트	Kuwait	쿠웨이트
Kyrgyz(Kyrgyzstan)	키르기스(공화국)	Bishkek	비슈케크
Laos	라오스	Vientiane	비엔티안
Latvia	라트비아	Riga	리가
Lebanon	레바논	Beirut	베이루트
Lesotho	레소토	Maseru	마세루
Liberia	라이베리아	Monrovia	몬로비아
Libya	리비아	Tripoli	트리폴리

나라이름		수도	
Liechtenstein	리히텐슈타인	Vaduz	파두츠
Lithuania	리투아니아	Vilnius	빌뉴스
Luxembourg	룩셈부르크	Luxembourg	룩셈부르크
Macedonia	마케도니아	Skopje	스코페
Madagascar	마다가스카르	Antananarivo	안타나나리보
Malawi	말라위	Lilongwe	릴롱궤
Malaysia	말레이시아	Kuala Lumpur	쿠알라룸푸르
Maldives	몰디브	Malé	말레
Mali	말리	Bamako	바마코
Malta	몰타	Valletta	발레타
Marshall Islands	마셜제도	Majuro	마주로
Mauritania	모리타니아(이슬람공화국)	Nouakchott	누악쇼트
Mauritius	모리셔스	Port Louis	포트루이스
Mexico	멕시코	Mexico City	멕시코시티
Micronesia	미크로네시아	Palikir	팔리키르
Moldova	몰도바	Kishinev	키시너우
Monaco	모나코	Monaco	모나코
Mongolia	몽골(몽골리아)	Ulaanbaatar	울란바토르
Montenegro	몬테네그로	Podgorica	포드고리차
Morocco	모로코	Rabat	라바트
Mozambique	모잠비크	Maputo	마푸투
Myanmar(Burma)	미얀마(버마)	Naypyitaw	네피도
Namibia	나미비아	Windhoek	빈트후크
Nauru	나우루	Nauru	나우루
Nepal	네팔	Katmandu	카트만두
Netherlands	네덜란드	Amsterdam	암스테르담
New Zealand	뉴질랜드	Wellington	웰링턴
Nicaragua	니카라과	Managua	마나과
Niger	니제르	Niamey	니아메
Nigeria	나이지리아	Abuja	아부자
Norway	노르웨이	Oslo	오슬로
Oman	오만	Muscat	무스카트
Pakistan	파키스탄	Islamabad	이슬라마바드
Palau	팔라우	Melekeok	멜레케오크
Panama	파나마	Panama	파나마
Papua New Guinea	파푸아뉴기니	Port Moresby	포트모르즈비
Paraguay	파라과이	Asunción	아순시온
Peru	페루	Lima	리마

나라이름		수도	
Philippines	필리핀	Manila	마닐라
Poland	폴란드	Warsaw	바르샤바
Portugal	포르투갈	Lisbon	리스본
Qatar	카타르	Doha	도하
Romania	루마니아	Bucureşti	부쿠레슈티
Russia	러시아	Moscow	모스크바
Rwanda	르완다	Kigali	키갈리
Saint Kitts-Nevis	세인트키츠네비스	Basseterre	바스테르
Saint Lucia	세인트루시아	Castries	캐스트리스
Saint Vincent-the Grenadines	세인트빈센트그레나딘	Kingstown	킹스타운
Samoa	사모아	Apia	아피아
San Marino	산마리노	San Marino	산마리노
Sao Tome-Principe	상투메프린시페	São Tomé	상투메
Saudi Arabia	사우디아라비아	Riyadh	리야드
Senegal	세네갈	Dakar	다카르
Serbia	세르비아	Beograd	베오그라드
Seychelles	세이셸	Victoria	빅토리아
Sierra Leone	시에라리온	Freetown	프리타운
Singapore	싱가포르	Singapore	싱가포르
Slovakia	슬로바키아	Bratislava	브라티슬라바
Slovenia	슬로베니아	Ljubljana	류블랴나
Solomon Islands	솔로몬제도	Honiara	호니아라
Somalia	소말리아	Mogadishu	모가디슈
South Africa	남아프리카공화국	Pretoria Cape Town Bloemfontein	프리토리아(행정) 케이프타운(입법) 블룸폰테인(사법)
South Sudan	남수단	Juba	주바
Spain	스페인	Madrid	마드리드
Sri Lanka	스리랑카	Sri Jayawardenepura Kotte	스리자야와르데네푸라 코테
Sudan	수단	Khartoum	하르툼
Suriname	수리남	Paramaribo	파라마리보
Swaziland -eSwatini	에스와티니(왕국)	Mbabane	음바바네
Sweden	스웨덴	Stockholm	스톡홀름
Switzerland	스위스	Bern	베른
Syria	시리아	Damascus	다마스쿠스
Taiwan	대만(타이완)	臺北/Taipei	타이베이

나라이름		수도	
Tadzhikistan Taikistan	타지키스탄(타지크)	Dushanbe	두산베
Tanzania	탄자니아	Dar es Salaam Dodoma	다르에스살람(경/행) 도도마(정)
Thailand	태국(타이)	Bangkok	방콕
Timor-Leste	동티모르	Dili	딜리
Togo	토고	Lomé	로메
Tonga	통가	Nuku'alofa	누쿠알로파
Trinidad-Tobago	트리니다드토바고	Port of Spain	포트오브스페인
Tunisia	튀니지	Tunis	튀니스
Turkey	터키	Ankara	앙카라
Turkmenistan	투르크메니스탄(투르크멘)	Ashgabat	아시가바트
Tuvalu	투발루	Funafuti	푸나푸티
Uganda	우간다	Kampala	캄팔라
Ukraine	우크라이나	Kiev	키예프
United Arab Emirates	아랍에미리트(UAE)	Abu Dhabi	아부다비
United Kingdom	영국	London	런던
United States of America(USA)	미국(아메리카합중국)	Washington	워싱턴
Uruguay	우루과이	Montevideo	몬테비데오
Uzbekistan	우즈베키스탄(우즈베크)	Tashkent	타슈켄트
Vanuatu	바누아투	Port Vila	포트빌라
Venezuela	베네수엘라	Caracas	카라카스
Vietnam	베트남	Hanoi	하노이
Yemen	예멘	Sanaa	사나
Zambia	잠비아	Lusaka	루사카
Zimbabwe	짐바브웨	Harare	하라레

다 쓴 글도
다시 보자

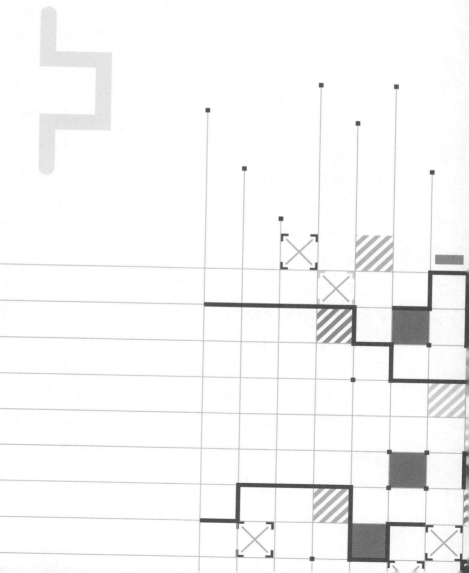

제5부

· · ·

문장 4-5-6-7-8

4형태/5종류/6형식/7성분/8구조

.
.
.

남양주시평생교육원은 동아일보 퇴직 후 강의 인생으로 출발한 곳이다. 이제는 이름도 다산서당으로 바꾸어 부르지만 그래도 그곳은 제2의 인생 시작을 한결 수월하게 한 곳이다.

매 학기 개강과 함께 새로운 얼굴들을 만나는 설렘이 마음속으로 밀려들었다. 매주 토요일 오전 9시 반부터 3시간씩 5개월 동안 진행되는 강의는 만 6년을 넘겼다. 정원 20명 중에는 새로운 얼굴이 주를 이루지만 반복해 들으시는 분도 절반 가까이 된다. 듣고 또 들으시는 분 중에는 2013년 개강 이후 매학기 한 번도 거르지 않고 꼬박꼬박 수강하신 분도 계신다. 그분에게 "언제까지 수강하실 겁니까?" 하고 물었더니 "끝까지 갑니다!"라는 대답이 돌아왔다.

남양주평생교육원에서 처음 선보인 '숫자로 익히는 문장론'은 후일 등록민간자격증인 '어문교열사' 교육훈련에도 적용하고 있다. 숫자 4-5-6-7-8을 이용해 문장의 형태와 종류, 형식, 성분, 구조를 익히는 과정이다. 사실은 처음부터 강의용으로 사용하기 위해 만든 것은 아니다. 필자가 스스로 쉽게 이해하려는 목적으로 구조화한 것뿐이다.

독자들도 이 구조를 기억하고 규칙을 대입하면서 익혀 두면 문장 작성뿐만 아니라 문장 분석할 때나 윤문할 때도 크게 도움이 되리라 믿는다. 필자에게 강의를 들으신 분들이 이 구조에 따라 공부하면서 자신감을 얻어 글을 참 잘 쓰게 되신 분이 많다. 그중에는 직접 집필해 책을 내시는 분을 봐 왔기에 누구나 가능하다는 판단을 하게 된 것이다.

여기서는 전체적인 구조를 가볍게 설명하려 한다. 만약 이 구조가 자신에게 맞지 않는다면 이후 구체적인 해설은 건너뛰면 된다.

$$4+5+6+7+8=30$$

이해가 쉽도록 30가지를 표로 만들어 정리했다.

4	형태	①능동형 ②피동형 ③주동형 ④사동형
5	종류	①평서형 ②의문형 ③감탄형 ④명령형 ⑤청유형
6	형식	①자동사 ②타동사 ③되다 ④형용사 ⑤이다 ⑥아니다
7	성분	①주어 ②서술어 ③목적어 ④보어 ⑤관형어 ⑥부사어 ⑦독립어
8	구조	①단문 복문-접속문 ②등위접속 ③종속접속 복문-내포문 ④명사절 ⑤관형절 ⑥부사절 ⑦서술절 ⑧인용절

가능하면 지금 바로 이 표를 머릿속에 저장해 두면 이후 해설을 보면서 한결 쉽게 이해하리라 믿는다. 일단 이 30가지를 구조화해서 기억하기를 부탁드린다. 📷

4	형태	①능동형 ②피동형 ③주동형 ④사동형

아래 두 문장을 피동형으로 바꾸면?

> The tail wagging the dog(꼬리가 개를 흔든다).
> Put the cart before the horse(수레가 말 앞에 놓였다).

> The tail wagging the dog.
>   → The dog was wagged by its tail(개가 꼬리에 의해 흔들렸다).
> Put the cart before the horse.
>   → The horse was put after the cart(말이 수레 뒤에 놓였다).

위에 든 두 문장은 우리말 '주객전도(主客顚倒)'⊙를 영어로 옮길 때 흔히 쓰이는 문장이다. 피동형 문장은 어찌 보면 주객이 전도되는 표현일 수 있다. 우리말에서 능동형이 피동형이 되면 목적어가 주어가 되고

⊙ 주객전도(主客顚倒): 주인과 손님의 위치가 서로 뒤바뀐다는 뜻이다.

주어는 부사어로 바뀌기 때문에 하는 말이다.

　문장 4형태를 알면 불필요한 피동형 문장이나 이중 피동형 문장까지 판별하고 깔끔한 문장으로 윤문이 가능하다. 4가지 형태라고 했지만 사실은 ①능동형과 ③주동형은 같은 형식이기 때문에 3가지 형태로 봐도 무방하다.

● 능동형과 피동형

　능동형이 피동형으로 될 때는 주로 3가지 규칙에 따른다. ①먼저 피동형을 만드는 접미사(피동 형성 접미사)로 불리는 '-이-, -히-, -리-, -기-'가 용언의 어간과 결합해 피동형이 된다. 예를 들면 낚다가 낚이다로, 먹다가 먹히다로, 물다가 물리다로 되는 형태이다. ②용언의 어간에 접미사 '-되다'가 결합되어 피동형이 된다.　③본용언에 보조용언 '-어지다'가 결합돼 피동형이 된다.

　이 세 가지 요건 중 2가지 요건이 동시에 결합되면 이중 피동형이 되어 비문에 속한다. 그러므로 피해야 한다. 문서에서 가장 많이 나타나는 이중 피동형은 아마도 '되어지다'라는 표현일 것이다. '-되다'라는 피동형 표현에 '-어지다'라는 피동형 보조동사를 덧붙인 형태인 것이다.

　가령 '이 문제는 언젠가는 해결되어질 것이다.' 같은 문장이다. '이 문제는 언젠가는 해결될 것이다.'라는 표현이 이미 피동형 문장이다. 그런데 '해결되다'에 한술 더 떠 '해결되어지다'라고 쓰면 이중 피동형 표현이 되는 것이다. 심할 땐 이런 문장도 나타나서 놀라게 한다. '이 문제는 언젠가는 해결되어질 것으로 생각되어진다.' 이 문장을 이렇게 바꾸면 어떨까? '이 문제는 언젠가는 해결된다고 생각한다.' 이렇게 쓴다고 의미가 달라지지는 않는다!

● 주동형과 사동형

이쯤에서 '피동형과 사동형을 어떻게 구분할까?'를 생각해 보자. 강의실에서 수강하시는 분들이 자주 하는 질문 중 하나이다. 한 가지 쉽게 구별되는 형식은 피동형은 목적어가 없으나 사동형은 목적어가 있다는 것이다. 피동형 문장은 목적어가 주어로 변신하기 때문에 당연히 목적어가 사라지는 것이다. 아래 두 문장을 비교해 보면 명확하게 구분될 것이다.

1) 안개가 사라지자 우람한 건물이 희미하게 **보였다**.
2) 그는 주머니에서 흰 봉투를 꺼내 **보였다**.

문장 1)에서 '보였다(보-이-었-다)'의 '-이-'는 피동형 접미사이고 2)에서 '보였다(보-이-었-다)'의 '-이-'는 사동형 접미사이다. 왜 그럴까? 언뜻 1)에서는 목적어가 보이지 않으나 2)에서는 목적어(봉투를)가 보이니까.

다른 한 가지는 피동형과 달리 주어가 목적어나 부사어로 바뀐다. 아래 예문을 보면 이해가 쉬울 것이다.

3) 궁사가 쏜 화살이 과녁에 **맞다**.

4) 궁사가 화살을 과녁에 **맞히다**.
－주어(화살이)가 목적어(화살을)로 바뀜.

5) 아이가 밥을 **먹는다**.
6) 아이에게 밥을 **먹인다**.
－주어(아이가)가 부사어(아이에게)로 바뀜.

주동형 표현을 사동형 표현으로 바꾸는 접미사는 피동형 접미사보다 훨씬 많다. 우선 피동형 접미사와 같은 '－이－, －히－, －리－, －기－' 외에도 '－우－, －구－, －추－' 그리고 '－이키－, 으키－, －애－, －이우－'까지 사동 형성 접미사는 무려 11개나 된다. 또 접미사 '－시키다'와 보조동사 '－게 하다'도 사동형을 형성하는 요소이다.

피동형을 설명하면서 이중피동형 표현은 삼가는 게 좋겠다고 했다. 사동형에서는 이중사동형 표현은 없고 사동형피동 표현이 있다. 말 그대로 사동형 표현이 피동형 보조동사(－어지다)와 만나 피동형 표현이 되는 것을 가리킨다. 이중피동형과 달리 이 사동형 피동 표현은 굳이 못쓸 이유가 없다. 이 표현 역시 피동형이기에 목적어를 동반하지 않는다.

가) 집터가 **넓다**.　　　　[주동]
나) 집터를 **넓히다**.　　　[사동]
다) 집터가 **넓혀지다**.　　[사동형피동] 🖊

문장 5종류

...

5	종류	①평서형 ②의문형 ③감탄형 ④명령형 ⑤청유형

강의를 하다 보면 다양한 질문을 많이 받게 된다. 그중에서 두 가지 정도가 먼저 떠오른다.

1) "부디 행복하세요."가 왜 잘못 쓰인 표현인지요?
2) 윗사람에게도 명령형을 쓸 수 있습니까?

이 질문은 명령형, 청유형 표현과 관련된 질문이다. 일단 명령형과 청유형을 간략하게 이해하는 것이 필요할 것 같다. 명령형과 청유형은 '상대에게 어떤 행동을 요청할 때' 쓰이는 서법(敍法, 말하는 사람의 심적 태도를 나타내는 어형)이라는 점, 형용사는 쓸 수 없다는 점은 같다. 다만 듣는 사람의 행동을 요청하는 명령형과 달리 청유형은 말하는 사람이나 듣는 사람에게 '같이 행동할 것을 요청할 때' 쓰이는 서법이다.

'행복하다'가 형용사이기 때문에 명령형 '행복하세요'나 청유형 '행복합시다'는 쓸 수 없다는 것이 질문 1)의 답이다. 그러나 이 규칙에 혼란이 와 버렸다. 표준국어대사전에서 '잘나다'와 '못나다', '잘생기다'와 '못생기다'를 형용사에서 동사로 '신분'을 세탁하면서부터이다. 동사라면 명령형 '잘나라'나 '잘생겨라', 청유형 '잘나자'나 '잘생기자'라는 표현이 가능해야 하는데 과연 가능할까? 그래서 국립국어원의 결정이 답답하다고들 하는 것이다.

우리말에 '-오'라는 종결어미가 있다. '-오'의 몇 가지 기능 중에서 '명령'의 기능이 포함돼 있다. 따라서 '-십시오' 또는 '-시오'는 명령형이다. "선생님, 내일 꼭 오십시오. 모시고 싶습니다."라는 문장에서 '오십시오'는 명령형이라는 것이 질문 2)의 답이다.

솔직히 문장 5가지 종류 또는 5가지 서법은 우리말을 모국어로 쓰는 사람에게는 위의 두 가지 경우를 제외하면 그리 신경 써야 하는 부분은 없다.

"빨리 건강하세요."나 "부디 행복하세요." 같은 비문법 표현은 너무나 많이 쓰이는 표현이라 쓰라 마라 할 수 없을 형편이 돼버렸다. 그래도 규칙은 규칙이다. 명령형이나 청유형에 형용사는 쓰지 말자. 굳이 쓰고 싶다면 동사형 서술어로 바꿔 쓰면 좋지 않을까.

"빨리 건강을 회복하십시오."
"부디 행복하게 지내세요." HPI

문장 6형식

.

.

.

6	형식	①자동사 ②타동사 ③되다 ④형용사 ⑤이다 ⑥아니다

1960년대 중반 필자가 중학교에 입학해서 처음 영어를 접할 때는 '펜맨십(penmanship)'으로 알파벳을 쓰면서 익히고 '문장 5형식'을 달달 외우며 익혔다. 5형식이라기보다는 5문형(form)이라고 해야 옳을 것이다. 정작 한국어 문법을 익히면서는 '한국어는 몇 가지 형식일까?' 하고 생각해 본 적이 없다. 대학원에서 한국어를 전공하면서부터 그 궁금증이 일기 시작했다.

영어 문형(form)이 다섯 가지라면 국어 문형은 3가지로 본다. 첫 번째 문형이 '주어+서술어(자동사)', 두 번째 문형이 '주어+목적어+서술어(타동사)', 세 번째 문형이 '주어+보어+서술어(되다, 아니다)'이다. 왠지 부족하다. 형용사 서술어 문형이 빠진 듯 아쉬운 부분도 있다. 그래서 한국어 6형식(type)을 차례로 설명할 것이다.

제1형식: 주어+서술어(자동사)

  → 꽃이 핀다.

제2형식: 주어+목적어+서술어(타동사)

  → 아이가 물을 마신다.

제3형식: 주어+보어+서술어(되다)

  → 물이 얼음이 되었다.

제4형식: 주어+서술어(형용사)

  → 나는 행복하다.

제5형식: 주어+서술어(체언+이다)

  → 이것은 책이다.

제6형식: 주어+보어+서술어(아니다)

  → 나는 교사가 아니다.

교열하다 보면 반드시 고쳐야 하는 문장이 발견된다. 바로 비문(非文)이다. 비문이란 문법에 맞지 않은 문장을 가리키는데 틀린 문장이다. 교열하면서 반드시 고쳐야 하는 문장이다. 비문을 수정하는 것은 '윤문(潤文)'과 다르다. 윤색(潤色)이라고도 하는 윤문은 문장을 윤이 나도록 매만져 곱게 하는 것을 말한다. 문장이 지나치게 길면 적당히 분리하고 문법에 문제가 없어도 우리말 표현답지 않은 어색한 문장이라면 자연스러운 문장으로 다듬는 것이 윤문에 속한다. 문장이 비문이면 교열해야 하고 비문이 아니라면 윤문을 거치는 것이다.

앞서 설명한 6형식에 벗어나는 문장이라면 비문에 해당하므로 교열 대상이다. 간혹 교열을 의뢰하면서 "윤문도 해 주십시오."라고 요청하면 가끔 난감해질 때가 있다. 왜냐하면 비문 수정을 윤문으로 곡해하기 때문이다.

아무튼 비문을 정확히 가려내는 기준으로 이 문장 6형식이 요긴하게 쓰인다. 따라서 한눈에 문장을 분석하거나 문장의 오류를 찾아 수정할 때 이 문장 6형식을 훤히 꿰고 있으면 매우 편리하다. 문장의 서술어를 먼저 보면 주어나 목적어, 보어 자리가 보인다. 단번에 문장이 비문인지 아닌지 확신할 수 있다는 것이다.

문장이 비문인지 아닌지는 문장 6형식에 대입해 보면 한눈에 보인다. 가능하다. 📝

문장 7성분

.
.
.

7	성분	①주어 ②서술어 ③목적어 ④보어 ⑤관형어 ⑥부사어 ⑦독립어

문장성분을 설명할 때쯤엔 꼭 듣는 질문 하나가 있다.

> "원장님, 형용사와 관형사는 어떻게 다르고 관형사와 관형어
> 는 어떻게 다르며 관형사와 관형사형은 어떻게 다릅니까?"

● 관형어

문법을 배워 가면서 형용사, 관형사, 관형사형, 관형어가 줄줄이 나
오다 보니 도대체 머릿속에 엉킨 실타래가 한 뭉치 들어 있어 풀리지 않
는 것이다. 영어에 익숙한 사람은 영어에서 형용사 기능을 하는 단어가
한국어에서는 관형사라니 당연히 헷갈리는 것이다.

중고등학교 재학 중인 학생들이야 그리 문제가 안 되겠지만 학창시
절 배웠던 문법이 가물가물한 세대는 헷갈릴 수밖에 없고 다시 배운다
해도 머리에서 쉽게 정리가 안 되는 건 어찌 보면 당연한 것이다. 문장

성분과 품사를 각각 구분할 수만 있어도 어렵지 않게 이해될 것이다. 문장의 성분은 문장성분이고 문장성분의 성분은 품사이기 때문이다.

품사는 형용사, 관형사처럼 '-사'로 끝나는 단어이다. 그런데 '-사'로 끝나는 단어가 문장 속에서 문장성분으로 자리 잡으면 관형어, 부사어처럼 '-어'로 끝나는 단어가 된다.

문장이 비문인지 아닌지 구분하는 기준이 문장 6형식이라 했다. 비문 중에서도 문장성분 간 호응이 안 되는 비문을 발견하는 데는 문장 7성분이 효과를 볼 것이다. 문장 7성분을 알면 비호응 문장이 보인다.

이쯤에서 앞에 적은 질문에 답을 내면 쉽게 이해하리라 본다. 문장성분 7가지 중에서 관형어가 있다. 관형어는 뒤따르는 체언(명사, 대명사, 수사)을 수식한다(꾸민다). 문장성분의 성분은 품사라고 했다. 문장성분인 관형어의 성분은 품사 관형사이다. 그런데 우리말에서 '관형사'는 의외로 많지 않다. 그러면 도대체 어떤 것들이 그 많은 체언을 꾸민다는 말인가. 그런데 '동사'와 '형용사'는 참 많다. 이들을 살짝만 비틀면 '관형어'로 써먹을 수 있다. 요렇게 만들면 관형사 같긴 한데 관형사는 아니다. 그래서 '관형사형'이라고 부른다.

[관형어]	관형사	새	책 [체언]
	관형사형⊙	예쁜	
	체언+의	나의	

⊙ 관형사형(예쁜)은 형용사(예쁘다)의 어간(예쁘-)에 어미(-ㄴ) 첨가 형태이다. 이때 어미 '-ㄴ'을 전성(轉成)어미라고 한다. 형용사를 관형사 기능으로 수행하는 어미이다.

● 필수부사어

　문장성분 중 주어, 서술어, 목적어, 보어를 주성분이라 하고 관형어와 부사어를 부속성분이라 하며 독립어를 독립성분이라 분류한다. 부사어가 주성분으로 분류되지는 않지만 성격에 따라 주성분처럼 기능을 하는 부사어도 있다. 그런 부사어가 '필수부사어'라는 신분으로 문장에서 주성분의 지위로 행세한다. 성분이 들어가야 할 자리에 빠지게 되면 비문이 되는 성분을 주성분이라 한다. 마찬가지로 필수부사어가 필요한 자리에서 빠진 문장도 비문이 된다. 그래서 주성분 4가지에 필수부사어를 더한 5가지 성분을 '필수 문장성분'이라 부르기도 한다.

　예를 들면 '나는 엄마와 닮았다'라는 문장에서 부사어 '엄마와'를 없애면 '나는 닮았다'처럼 문장의 의미가 손실된다. 이런 부사어를 필수부사어라 한다. '형은 학교에 간다'에서 '학교에' 역시 필수부사어이다.

● 격조사

　단어가 7가지 문장성분의 자격을 갖추게 하는 데는 조사가 필요하다. 이들 조사를 격조사라고 한다. 분장성분이 7가지니까 이들 성분의 자격을 규명하는 격조사도 7가지가 된다. 주격조사, 서술격조사, 목적격조사, 보격조사, 관형격조사, 부사격조사, 독립격조사이다. 그중에서 독립격조사는 '호격조사'로 더 많이 불린다.

　이들 7가지 격조사는 경우에 따라 문장에서 생략이 가능하다는 것이다. 특히 구어체(입말) 문장에서는 이런 일이 비일비재하다. "엄마, 엄가 하나도 한 보이다 맨 끝에만 하나 달랑 찍혀 있었다. 단 한 문장으로 A4 용지 전체를 가득 채운 것이었다.

글쓰기에서 문장의 길이는 짧을수록 좋다는 통설이 있다. 문장 길이라는 게 사실 딱히 정해진 것도 없다. 이론적으로는 문장의 길이는 무한대(∞)일 것이다. 우리말에서만 보면 단어와 단어 사이를 연결하는 기능은 접속조사와 연결어미의 몫이다. 이 두 가지 요소를 무한히 활용하면 문장 또한 무한히 길어질 것이다.

교열하다 보면 지나치게 긴 문장이 자주 발견된다. 문장 후반부에서 문장 전반부가 무슨 내용이었는지 기억할 수 없어 다시 처음부터 읽어야 하는 문장이라면 '지나치게 긴 문장'에 속한다. 어쩔 수 없이 내용을 완전히 파악하고 나서 연결어미 부분에서 조심스럽게 분리를 시도한다. '조심스럽게' 할 수밖에 없는 것은 행여 필자의 의도나 원래의 의미에 손상을 주면 안 되니까 그렇게 해야 한다.

지금까지 경험에 비춰 보면 문장을 길게 쓰는 이유는 두 가지로 정리할 수 있다. 첫째는 문장 종결 기술이 부족해서 그럴 수 있다. 글을 많이 써 보지 않은 사람들에게서 나타나는 현상이기도 하지만 대부분이 글쓰기 교육을 받은 적이 없는 사람에게서 주로 나타난다고 보면 된다. 둘째는 욕심이 지나치면 그럴 수도 있다. 문장 하나에 담고 싶은 정보를 계속 추가하다 보면 문장이 길어지게 마련이다. 그렇게 되면 간결한 단문을 기대하기는 힘들 것이다. 이것만 기억하자. KISS!

Keep It Simple and Short!
문장은 간결하고 짧게!

문장 8구조는 토끼와 거북이 경주 장면을 예시문으로 제시한다.

단문		①토끼와 거북이가 경주를 했다.
접속문	등위	②토끼는 달리**고** 거북이는 걸었다.
	종속	③토끼가 지나가**도록** 거북이는 길을 비켜주었다.
복문	명사절	④토끼는 **거북이가 쫓아오기**를 기다렸다.
내포문	관형절	⑤거북이는 **걸음이 빠른** 토끼를 바라보았다.
	부사절	⑥토끼는 **거북이가 가까이 오자** 함께 걸었다.
	서술절	⑦토끼와 거북이는 **사이가 좋아졌다.**
	인용절	⑧토끼와 거북이는 **"우리는 친구야."**라고 말했다.

이쯤에서 한 가지만 더!

인용절 내포문에서 인용절 끝에 마침표를 반드시 찍어야 할까 아니면 찍지 않아도 될까? 또 인용절에 붙는 조사를 반드시 '라고', '라며', '라는'처럼 써야 할까 아니면 '고', '며', '는'만 써도 될까?

먼저 한글맞춤법에서 인용절의 마침표는 찍는 것이 원칙이나 찍지 않는 것도 허용한다. 왜냐하면 큰따옴표가 이미 문장의 분리를 인식할 수 있기 때문이다. 다만 문서에서는 찍든, 빼든 통일해야 한다.

그리고 인용절을 받치는 조사는 '라고', '라며', '라는'처럼 써야 한다. 공교롭게도 인용절이 '라'로 끝났을 때는 '라'가 겹치므로 대부분 생략하지만 그런 것을 허용하는 규칙은 없다. 다만 '라고'를 '라'로 줄여 쓸 수는 있다.

탈고하고 나니 욕심이 바뀐 걸 알아차렸다. '세상 모든 글을 교열하고 싶다'가 '세상 모두가 교열사가 되게 하고 싶다'로….

한국어문교열연구원을 설립하고 어문교열사라는 등록민간자격증을 발급한 지 겨우 만 3년이 지났다. 그 기간에 190여 명이 자격증을 취득했다. 자격증 강좌 개설 초기에는 40~50대 신청자가 주를 이루었으나 점점 연령대가 낮아져 20~30대 신청자가 더 많아지고 있다. 한편으로는 청년 취업 문제의 현실을 눈으로 보는 듯하다. 종이 문서가 사라진다고 교열 대상 문서가 사라질 것이라는 예측은 지나치게 섣부른 판단이다. 교열을 배우는 젊은이들은 앞으로 인공지능(AI)이 장착된 로봇이 작성한 문서도 교열하겠다는 당찬 모습을 보이고 있으니까.

로봇저널리즘 시대의 교열사는 로봇이 작성한 글을 교열하게 될 것이다. 단순하게 생각하면 로봇이 쓴 글을 기능이 더 뛰어난 로봇이 교열하면 된다고 가정할 수 있다. 과연 가능할까. 일단 인공지능을 활용하는 번역기를 예로 들어 보기로 한다. 사람은 문장에 띄어쓰기 오류가 한두 개 있어도 내용을 이해하는 데는 크게 문제 되지 않는다. 그러나 인공지능에게는 분명히 문제가 된다. 의도적으로 띄어쓰기 오류가 있는 문장 세 개를 번역기에 돌려 번역문을 추출해 보면 웃지 못할 결과가 나온다.

> 1) 백조 한 마리를 데려왔다. → I brought a swan.(구글)
> 2) 백 조 한 마리를 데려왔다. → I brought a hundred bucks.(구글)
> 3) 백 조를 한 마리 데려왔다. → I brought a hundred trillions.(파파고)

'백조'는 제대로 인식하고 'swan'으로 번역하는데 '백 조'는 'hundred bucks'나 'hundred trillions'로 번역한다는 것이다. 이 사례를 근거로 로봇이 작성한 글에서 나타난 오류를 다른 로봇이 교열할 수 있느냐는 문제를 섣불리 판단하기는 어려울 것이다. 로봇 교열이 불가능하다면 교열사가 필요할 것이나 가능하다면 교열사가 필요 없을 것이다. 필자는 로봇 교열은 불가능하다는 쪽에 한 표 던진다. 그래서 미래 교열사의 역할 비중이 더 커지리라 예측한다.

채터봇, 토크봇, 채터박스 또는 그냥 봇으로도 불리는 챗봇(Chatbot)은 음성이나 문자를 이용해 인간과 대화하면서 특정한 작업을 수행하도록 제작된 컴퓨터 프로그램을 가리킨다. 이 챗봇은 최근에 등장한 기능이 아니라 메시지 애플리케이션의 보급으로 다양한 분야에서 활용되고 있는 기능이다. 챗봇이란 개념은 이미 1950년대에 제안된 것이다. 특히 챗봇의 상담 기능은 기업에서 고객의 질문이나 불만에 응대하는 전담 직원을 줄여 인건비를 절감하는 효과를 볼 수 있다고 한다.

몇 년 전 어느 대기업에서 챗봇 데이터를 교열 받고 싶다며 샘플 원고를 보내왔다. 파일을 열어보니 그야말로 가공할 만했다. 순간적으로 머릿속에서 이런 생각이 들었다. '이 답변 데이터는 사람이 썼을까, 로봇이 썼을까?' 분명히 사람이 썼는데도 말도 안 되는 오류가 눈에 많이 띄었다. 로봇이 이런 데이터에서 답변을 찾아 말이나 글로 응대할 때 과연 스스로 오류를 수정해 가며 답변할 수 있을까? 뒤집어 얘기하면 로봇이 내놓은 글을 수정하는 교열보다 더 효과적인 방법은 로봇에게 입력되는 원 자료(Source Contents)를 교열하는 것이다.

교열을 자신의 미래 직업으로 삼으려는 미래의 교열사들에게 두 가지를 물어보았다. 첫째, 로봇이 쓴 글을 로봇이 교열할 수 있을까? 이 질문에서는 답을 쉽게 내지 않고 오히려 다른 사람의 대답을 기다리는 편이었다. 둘째, 만약 로봇이 쓴 글을 사람이 교열한다면 어떤 문제가 있을까? 이 질문에서는 로봇이 빨리 써내는 글을 따라가야 하기에 역시 '교열 속도'를 문제로 삼았다. 아마도 현직 교열사가 함께 고민해 봐야 할 문제가 아닌가 싶다.

아무튼 로봇이 글을 쓰게 되면 많은 양을 쏟아낼 것이다. 적어도 200배는 빨리 쏟아낼 것이란 예측도 있다. 그렇다면 교열해야 할 '물량'도 엄청 늘어날 것이다. 누가 하든지 감당해야 할 것이다. 그 일은 바로 문장과 씨름하고 있는 현직 교열사와 현재 교열 기법을 열심히 배우고 있는 미래 교열사의 몫일 것이다.

교열하는 사람으로서 또 후진 교열사를 양성하는 사람으로서 궁극적인 소망 하나가 있다면 이 땅에서 생산되는 모든 문서가 반드시 교열을 거쳐야 하는 그날을 오게 하는 것이다. '교열필'이 선택이 아니라 필수가 되는 그날 말이다. 먼저 정부기관의 공적 문서부터 교열필이 법제화되고 그 후 출판되는 모든 문서의 교열필이 필수가 되는 그날을 기다린다면 무모한 기대일까? 🖋

지은이 **박 재 역**

중학교 교사를 접고 동아일보 교열기자로 입사했다. 동아일보에서
정년퇴직 후 중국해양대학교 한국학과 초빙교수로 재직하며 중국
대학생들에게 한국어를 가르쳤다. 현재는 한국어문교열연구원을
운영하면서 문서 교열과 등록민간자격 '어문교열사' 양성 교육을 진
행하고 있다. 저서로는 《성경고유명사사전》(2008, 생명의말씀사)
과 《교열기자의 오답노트》(2017, 글로벌콘텐츠)가 있다.

휴대전화 010-6745-9927
블로그 http://blog.naver.com/jacobp1
홈페이지 www.klpi.kr